高等职业教育"十四五"规划旅游大类精品教材
研学旅行管理与服务专业系列专家指导委员会、编委会

专家指导委员会

总顾问

王昆欣　世界旅游联盟（WTA）研究院首席研究员
　　　　浙江旅游职业学院原党委书记

顾　问

文广轩　郑州旅游职业学院原校长
李　丽　广东工程职业技术学院党委副书记、院长
李　欢　华中科技大学出版社旅游分社社长

编委会

总主编

魏　凯　山东旅游职业学院副校长，教授
　　　　全国餐饮教育教学指导委员会委员
　　　　山东省旅游职业教育教学指导委员会秘书长
　　　　山东省旅游行业协会导游分会会长

编委（排名不分先后）

陈佳平　河南职业技术学院文化旅游学院院长
王亚超　北京中凯国际研学旅行股份有限公司董事长
郭　峻　山东理工职业学院文化旅游与艺术学院党总支书记
陈　瑶　广东行政职业学院文化旅游学院党总支书记、院长
张楗让　郑州旅游职业学院旅游管理学院党总支副书记
刘雁琪　北京财贸职业学院科技处处长
李智贤　四川职业技术学院创新创业学院院长
李风雷　湖北三峡职业技术学院旅游与教育学院院长
乔海燕　嘉兴职业技术学院文化与旅游学院院长
蒋永业　武汉职业技术学院旅游与航空服务学院院长
陈天荣　武汉软件工程职业学院文化旅游学院院长
蔡　展　丽江文化旅游学院旅游管理学院院长
丁　洁　南京旅游职业学院旅游管理学院副院长
杨　琼　青岛幼儿师范高等专科学校文旅学院副院长
张清影　漳州职业技术学院文旅学院副院长
王锦芬　泉州幼儿师范高等专科学校外语旅游学院副院长
李晓雯　黎明职业大学外语与旅游学院副院长
叶一青　福建幼儿师范高等专科学校外语教育学院副院长
杜连丰　广东研学汇实践教育研究院院长
程伟勇　云驴通上海照梵软件有限公司总经理
谢　璐　山东旅游职业学院旅游管理教研室主任
王　虹　马鞍山师范高等专科学校旅游管理专业带头人
宋斐红　山东旅游职业学院旅游信息系主任
朱德勇　武汉城市职业学院旅游教研室主任
吕开伟　酒泉职业技术学院旅游与烹饪学院旅游管理系主任
李坤峰　湄洲湾职业技术学院研学旅行管理与服务专业主任
边喜英　浙江旅游职业学院旅行服务与管理学院副教授
莫明星　广西体育高等专科学校体育管理学院副教授
郭瑞娟　山西旅游职业学院旅游管理系副教授
王超敏　广东生态工程职业学院旅游与文化学院副教授
邓　菲　江西工业职业技术学院经济管理学院副教授
李广成　江阴职业技术学院经济管理系副教授
吴　敏　闽西职业技术学院文化与旅游学院副教授

高等职业教育"十四五"规划旅游大类精品教材
研学旅行管理与服务专业系列

总顾问 ◎ **王昆欣**　　总主编 ◎ **魏　凯**

研学旅行操作实务

主　编：边喜英　莫明星
副主编：王　慧　王超敏　秦晓林　宋　扬　田万顷
参　编：文　菁　刘　文

华中科技大学出版社
http://press.hust.edu.cn
中国·武汉

内容简介

本教材是一本思政教育引领、教学理念先进、工作模块合理、配套资源丰富、学习环境交互、编者组合适当的新形态工作手册式教材。

(1) 遵循"教、学、做"一体化的教学设计理念。按照研学旅行的组织和实施的工作流程，分为认知研学旅行、组织研学旅行、研学旅行的开展、采购供应商、编制方案、实施准备、研学旅行实施7个项目，引导学生在完成工作任务过程中实现知识的学习和技能的提升，提高综合素养。

(2) 安排基于工作过程的学习任务。本教材将典型的工作任务经过教学化改造形成28个学习任务，明确各工作任务情景下的实施步骤、相关知识、业务流程等，提倡学习者在工作场所的自主学习中建构新知识和技能，培养职业责任感。

(3) 配套多种形式的教学资料辅助学习。本教材提供微课视频和行业标准、文献、案例等学习资料，搭建了全方位的学习框架，可用于学校和企业两种学习场所，适应创新创业能力的培养和可持续发展的要求。

综上，本教材是体系明晰、内容实用的具有任务引领、工作驱动、学做合一、产教融合、课程思政及数字化改革等特色的工作任务书、作业指导书。

图书在版编目(CIP)数据

研学旅行操作实务 / 边喜英，莫明星主编. -- 武汉：华中科技大学出版社，2024.8. --（高等职业教育"十四五"规划旅游大类精品教材）. -- ISBN 978-7-5772-1116-9

Ⅰ. F590.75

中国国家版本馆CIP数据核字第2024BL1576号

研学旅行操作实务
Yanxue Lüxing Caozuo Shiwu

边喜英　莫明星　主编

总　策　划：李　欢
策划编辑：王雅琪　王　乾
责任编辑：鲁梦璇
封面设计：原色设计
责任校对：刘　竣
责任监印：周治超
出版发行：华中科技大学出版社（中国·武汉）　　　电话：(027)81321913
　　　　　武汉市东湖新技术开发区华工科技园　　　邮编：430223
录　　排：孙雅丽
印　　刷：武汉科源印刷设计有限公司
开　　本：787mm×1092mm　1/16
印　　张：11
字　　数：235千字
版　　次：2024年8月第1版第1次印刷
定　　价：49.80元

本书若有印装质量问题，请向出版社营销中心调换
全国免费服务热线：400-6679-118　竭诚为您服务
版权所有　侵权必究

序一

党的二十大报告指出,要"统筹职业教育、高等教育、继续教育协同创新,推进职普融通、产教融合、科教融汇,优化职业教育类型定位""实施科教兴国战略,强化现代化建设人才支撑""要坚持教育优先发展、科技自立自强、人才引领驱动""开辟发展新领域新赛道,不断塑造发展新动能新优势""坚持以文塑旅、以旅彰文,推进文化和旅游深度融合发展",这为职业教育发展提供了根本指引,也有力地提振了旅游职业教育发展的信念。

2021年,教育部立足增强职业教育适应性,体现职业教育人才培养定位,发布了新版《职业教育专业目录(2021年)》,2022年,又发布了新版《职业教育专业简介》,全面更新了职业面向、拓展了能力要求、优化了课程体系。因此,出版一套以旅游职业教育立德树人为导向、融入党的二十大精神、匹配核心课程和职业能力进阶要求的高水准教材成为我国旅游职业教育和人才培养的迫切需要。

基于此,在全国有关旅游职业院校的大力支持和指导下,教育部直属的全国重点大学出版社——华中科技大学出版社,在党的二十大精神的指引下,主动创新出版理念、改进方式方法,汇集一大批国内高水平旅游院校的国家教学名师、全国旅游职业教育教学指导委员会委员、全国餐饮职业教育教学指导委员会委员、资深教授及中青年旅游学科带头人,编撰出版"高等职业教育'十四五'规划旅游大类精品教材"。本套教材具有以下特点。

一、全面融入党的二十大精神,落实立德树人根本任务

党的二十大报告中强调:"坚持和加强党的全面领导。"党的领导是我国职业教育最鲜明的特征,是新时代中国特色社会主义教育事业高质量发展的根本保证。因此,本套教材在编写过程中注重提高政治站位,全面贯彻党的教育方针,"润物细无声"地融入中华优秀传统文化和现代化发展新成就,将正确的政治方向和价值导向作为本套教材的顶层设计并贯彻到具体项目任务和教学资源中,不仅培养学生的专业素养,还注重引导学生坚定理想信念、厚植爱国情怀、加强品德修养,以期落实"立德树人"这一教育的根本任务。

二、基于新版专业简介和专业标准编写，兼具权威性与时代适应性

教育部2022年发布新版《职业教育专业简介》后，华中科技大学出版社特邀我担任总顾问，同时邀请了全国近百所旅游职业院校知名教授、学科带头人和一线骨干教师，以及旅游行业专家成立编委会，对标新版专业简介，面向专业数字化转型要求，对教材书目进行科学全面的梳理。例如，邀请职业教育国家级专业教学资源库建设单位课程负责人担任主编，编写《景区服务与管理》《中国传统建筑文化》及《旅游商品创意》（活页式）等教材；《旅游概论》《旅游规划实务》等教材成为教育部授予的职业教育国家在线精品课程的配套教材；《旅游大数据分析与应用》等教材则获批省级规划教材。经过各位编委的努力，最终形成"高等职业教育'十四五'规划旅游大类精品教材"。

三、完整的配套教学资源，打造立体化互动教材

华中科技大学出版社为本套教材建设了内容全面的线上教材课程资源服务平台：在横向资源配套上，提供全系列教学计划书、教学课件、习题库、案例库、参考答案、教学视频等配套教学资源；在纵向资源开发上，构建了覆盖课程开发、习题管理、学生评论、班级管理等集开发、使用、管理、评价于一体的教学生态链，打造了线上线下、课内课外的新形态立体化互动教材。

本套教材既可以作为职业教育旅游大类相关专业教学用书，也可以作为职业本科旅游类专业教育的参考用书，同时，可以作为工具书供从事旅游类相关工作的企事业单位人员借鉴与参考。

在旅游职业教育发展的新时代，主编出版一套高质量的规划教材是一项重要的教学质量工程，更是一份重要的责任。本套教材在组织策划及编写出版过程中，得到了全国广大院校旅游教育教学专家教授、企业精英，以及华中科技大学出版社的大力支持，在此一并致谢！

衷心希望本套教材能够为全国职业院校的旅游学界、业界和对旅游知识充满渴望的社会大众带来真正的精神和知识营养，为我国旅游教育教材建设贡献力量。也希望并诚挚邀请更多旅游院校的学者加入我们的编者和读者队伍，为进一步促进旅游职业教育发展贡献力量。

王昆欣

世界旅游联盟（WTA）研究院首席研究员

高等职业教育"十四五"规划旅游大类精品教材总顾问

序二

2024年5月17日,全国旅游发展大会在北京召开。在本次会议上,习近平总书记对旅游工作作出重要指示,强调"新时代新征程,旅游发展面临新机遇新挑战",要"坚持守正创新、提质增效、融合发展"。党的十八大以来,我国旅游业日益成为新兴的战略性支柱产业和具有显著时代特征的民生产业、幸福产业,成功走出了一条独具特色的中国旅游发展之路。当下,我国旅游业正大力发展新质生产力,推动全行业高质量发展,加快构建旅游强国。

在这个知识经济蓬勃发展的时代,教育的形式正经历着前所未有的变革。随着素质教育理念的深入人心与国家政策的积极引导,研学旅行作为教育创新的重要实践,已成为连接学校教育与社会实际、理论学习与实践探索的桥梁。"读万卷书,行万里路",研学旅行不仅丰富了青少年的学习体验,更是培养其综合素质、创新意识、民族使命感、社会责任感的有效途径。自2016年11月30日教育部等11部门联合出台《关于推进中小学生研学旅行的意见》以来,研学旅行作为教育新形式、旅游新业态在国内蓬勃发展,成为教育和文旅行业的新增长点。2019年10月,"研学旅行管理与服务"专业正式列入《普通高等学校高等职业教育(专科)专业目录》,研学旅行专业人才培养正式提上日程。但是行业的快速发展也暴露了研学旅行专业人才短缺、相关理论体系不完善、专业教材匮乏、管理与服务标准不一等问题。为了有效应对这些挑战,在此背景下,我们联合全国旅游院校的多位优秀教师与行业精英,经过深入调研与精心策划,推出研学旅行管理与服务专业的系列教材,旨在为这一新兴领域提供一套专业性、系统性、实用性兼备的教学资源,助力行业人才培养。

习近平总书记指出,要抓好教材体系建设。从根本上讲,建设什么样的教材体系,核心教材传授什么内容、倡导什么价值,体现的是国家意志,是国家事权。教材建设是育人育才的重要依托,是解决培养什么人、怎样培养人以及为谁培养人这一根本问题的重要载体,是教学的基本依据。教材建设要紧密围绕党和国家事业发展对人才的要求,扎根中国大地,拓宽国际视野,以全面提高质量为目标,以提升思想性、科学性、民族性、时代性、系统性为重点,形成适应中国特色社会主义发展要求、立足国际学术前沿、门类齐全、学段衔接的教材体系,为培养担当民族复兴大任的时代新人提供有力支撑。新形态研学旅行管理与服务专业教材的编写既是一项迫切的现实任务，也是一项重要的研究课题。本系列教材根据专业人才培养目标准确进行教材定位，按照应用导向、能力导向要求，优化教材内容结构设计，融入丰富的典型案例、延伸材料等多元化内容，全线贯穿课程思政理念，体现对工匠精神、红色精神、团队精神、文化传承、文化创新、文明旅游、生态文明和社会主义核心价值观的弘扬和引导，提升教材的人文精神。同时广泛调查和研究应用型本科高等职业教育学情特点和认知特点，精准对标研学旅行相关岗位的职业特点及人才培养的业务规格，突破传统教材的局限，打造一套能够积极响应旅游强国战略，适应新时代职业教育理念的高质量专业教材。本系列教材共包含十二本，每一本都是对研学旅行或其中某一关键环节的深度剖析与实践指导，形成了从理论到实践、从课程设计到运营管理的全方位覆盖。这套教材不仅是一套知识体系的构建，更是一个促进教育与旅游深度融合，推动行业标准化、专业化发展的积极尝试。它为相关专业学生、教师、行业从业人员提供权威、全面的学习资料，助力培养一批具备教育情怀、专业技能与创新能力的研学旅行管理与服务人才，进一步推动我国研学旅行事业向更高水平迈进。

研学旅行管理与服务专业教材的编写对于专业建设、人才培养意义重大，影响深远。华中科技大学出版社与山东旅游职业学院、浙江旅游职业学院等高校，以及北京中凯国际研学旅行股份有限公司深度合作，以科学、严谨的态度，在全国范围内凝聚院校和行业优秀人才，精心组建编写团队，数次召开研学旅行管理与服务专业系列教材编写研讨会，深入一线对行业、院校进行调研，广泛听取各界专家意见，为教材的高质量编写和出版奠定了扎实的基础。在此向学界、业界携手共建教材体系的各位同仁表示衷心的感谢！

我们相信，这套教材的出版与应用能够为研学旅行的发展注入新的活力，促进理论与实践的有机结合，为研学旅行专业人才的培养赋能，也为教育创新和旅游业的转型升级、提质增效贡献力量。同时，我们也期待读者朋友们能为本系列教材提出宝贵的意见和建议，以便我们不断改进和完善教材内容。

魏凯
山东旅游职业学院副校长，教授
山东省旅游职业教育教学指导委员会秘书长
山东省旅游行业协会导游分会会长

前言
QIANYAN

职业教育教材,作为行业企业反映最新生产技术和实践知识的载体,对于培养国家高素质劳动者和技术技能人才,提升新时代职业教育现代化水平,促进经济社会发展和提高国家竞争力具有重要的指导意义。研学旅行作为实践育人的重要方式,日益受到社会各界的广泛关注。对研学旅行从业人员的培养,不仅强调知识的获取,更要注重提升从业人员的实践能力和创新精神。在此背景下,我们编写了《研学旅行操作实务》。

本教材注重理论与实践相结合,既强调对研学旅行理论的系统阐述,又突出实践操作的指导性。本教材有以下特点。

(1)工作模块合理:从研学旅行主办方和承办方的角度出发,采用项目式的教学设计,每个任务有学习情境导入。

(2)教学理念先进:通过设计不同风格和层次的学习任务,引导学生自主探索典型工作过程背后的知识、原理,激发学生创新工作过程的动力,促进学生个性化发展。

(3)思政教育引领:每个项目后均有思考练习,融入职业道德、工匠精神和社会主义核心价值观等内容,强调德技双修、知行合一,实现"培根铸魂、启智增慧"的人才培养模式。

(4)配套资源丰富:配套微课视频、工作任务单、标准文献、政策文件等教学资源,搭建了全方位的学习支架。

(5)学习环境交互:本教材的内容在"智慧职教"的研学旅行管理与服务专业教学资源库上线,便于师生利用数字化资源在线教学、学习,实现多样化教学。

(6)编者组合适当:本教材编写团队由浙江、山西、广东、广西、河南等高职院校教师和企业管理人员组成,编写成员中青年结合,职称结构合理,均具有一线教学经验和长期服务企业运营管理的经历。

本教材由浙江旅游职业学院边喜英担任第一主编,负责拟定大纲、审稿、统稿等工作。广西体育高等专科学校莫明星担任第二主编,太原旅游职业学院王慧、广东生态工程职业学院王超敏、浙江旅游职业学院秦晓林、浙江皓石教育科技有限公司董事长兼总裁宋扬、平顶山职业技术学院田万顷担任副主编,重庆工程职业技术学院文菁、浙江皓石教育科技有限公司刘文参编。各模块编写具体分工如下:项目一由边喜英、秦晓林、宋扬撰写,项目二、三由王慧撰写,项目四由边喜英、宋扬撰写,项目五、六由边喜英、莫明星、宋扬、田万顷撰写,项目七由王超敏撰写。

在编写过程中得到了浙江皓石教育科技有限公司、太原市腾跃拓维教育科技有限公司、广西国泰民安应急救援有限公司、广西中小学研学旅行学会劳动教育专业委员会、广东世纪明德国际旅行社有限公司等多家单位的支持,在此一并表示感谢。同时,本教材得以出版,特别感谢华中科技大学出版社旅游分社编辑团队在编写过程中给予多次的帮助、理解和支持。

由于时间和水平有限,教材中难免存在不足之处,恳请广大读者批评指正,以便我们不断完善和提高。期待这本书能成为教师的助手、学生的帮手,在研学旅行的路上我们一起探索、学习、成长!

边喜英

2024 年 7 月

目录
MULU

项目一　认知研学旅行 001
　任务一　认知研学旅行的基本概念 002
　任务二　分析研学旅行的构成要素 005

项目二　组织研学旅行 012
　任务一　选择研学旅行的承办方 013
　任务二　中小学校研学旅行招标流程 016
　任务三　学校行前须报教育行政部门备案 020

项目三　研学旅行的开展 024
　任务一　行前准备 025
　任务二　行中监督 031
　任务三　凝练成果 034
　任务四　实施评价 038

项目四　采购供应商 054
　任务一　选择供应商 055
　任务二　起草框架协议 062

项目五　编制方案　　066

任务一　编排线路和价格制定　　067

任务二　发布研学旅行线路　　075

任务三　制定方案　　079

项目六　实施准备　　087

任务一　签订合同　　088

任务二　匹配供应商　　092

任务三　签订接待计划　　097

任务四　起草学生手册　　103

任务五　撰写家长说明信　　117

任务六　编制工作手册　　119

项目七　研学旅行实施　　128

任务一　组织交通出行　　130

任务二　安排住宿　　133

任务三　安排用餐　　137

任务四　组织开营仪式　　141

任务五　开展研学旅行课程　　144

任务六　实施空间转场　　149

任务七　组织闭营仪式　　151

任务八　组织评价优化　　153

参考文献　　157

微课目录

项目一　认知研学旅行

认知研学旅行　　　　　　　　　　　　　　　　　004

项目二　组织研学旅行

承办方的遴选方式　　　　　　　　　　　　　　　015
中小学校组织研学旅行活动的招标流程　　　　　　019
学校行前须报教育行政部门备案内容　　　　　　　022

项目三　研学旅行的开展

行前准备内容　　　　　　　　　　　　　　　　　030
行中监督内容　　　　　　　　　　　　　　　　　033
认知凝练成果　　　　　　　　　　　　　　　　　037
研学旅行评价　　　　　　　　　　　　　　　　　052

项目四　采购供应商

研学旅行供应商的考察　　　　　　　　　　　　　056
研学旅行供应商采购流程　　　　　　　　　　　　057
研学旅行供应商管理　　　　　　　　　　　　　　060
研学旅行供应商的维护　　　　　　　　　　　　　061
认知合同　　　　　　　　　　　　　　　　　　　062
旅行社服务采购　　　　　　　　　　　　　　　　064

项目五　编制方案

旅游产品的价格构成　　　　　　　　　　　　　　074
旅游产品说明书的构成与发布要求　　　　　　　　078
制定研学旅行方案　　　　　　　　　　　　　　　085

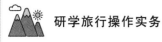

项目六　实施准备

保险业专业术语	092
旅游相关保险类型	092
向供应商询价的注意事项	096
匹配供应商注意事项	097
旅行社采购车队步骤	100
起草学生手册	117
撰写家长说明信	119

项目七　研学旅行实施

机票价格的计算	132
主持稿的写作技巧	143

工作任务单索引

工作任务单一	请用思维导图的形式整理研学旅行的基本概念。	005
工作任务单二	请分析研学旅行各方在研学活动中的需求。	010
工作任务单三	假如你是 C 中学的谷校长，自行选择方式与 B 中学的王校长交流如何选择合适的研学旅行活动承办方。	015
工作任务单四	假如你是 B 中学研学旅行工作领导小组组长，请根据研学旅行活动实际情况拟写一份招标公告。	019
工作任务单五	简述研学旅行活动的备案流程，并帮助 B 中学研学旅行工作领导小组拟定一份研学旅行活动备案内容清单。	022
工作任务单六	假如你是 B 中学研学旅行工作领导小组负责行前准备工作的老师，请自行组建工作小组，将行前准备内容及注意事项用思维导图的形式列举出来。	030
工作任务单七	请用思维导图的方式列出研学旅行行中监督对象及内容。	033
工作任务单八	列举不同类型的研学旅行成果作品。	037
工作任务单九	假如你是赵老师，请为即将参与此次传统文化主题研学旅行活动的学生设计一份评价量表。	052
工作任务单十	用思维导图整理旅行社在选择服务供应商时的注意事项。	061
工作任务单十一	请阐述旅行社与服务供应商签订框架协议的主要条款。	064
工作任务单十二	请根据你所在城市的研学旅行资源，针对小学四年级学生编排一条 3 天 2 夜研学旅行线路。	074
工作任务单十三	请根据你编排的研学旅行线路，用分项计价单核算直接成本，并综合考虑各种因素进行报价。	074
工作任务单十四	请发布针对小学四年级学生的 3 天 2 夜研学旅行线路。	079
工作任务单十五	请根据前面任务所设计的 3 天 2 夜研学旅行线路，制定研学旅行方案。	086
工作任务单十六	如果研学过程中学生发生意外，请阐述保险理赔的流程。	092
工作任务单十七	请简要概括采购协议的传真文件及电子邮件应有哪些要素。	097
工作任务单十八	请结合本项目学习情境的订车要求，起草用车计划单。	103

工作任务单十九	请根据你设计的3天2夜研学旅行线路,起草学生手册。	117
工作任务单二十	请根据你设计的3天2夜研学旅行线路,撰写一封家长说明信。	119
工作任务单二十一	请根据你设计的3天2夜研学旅行线路,编制工作手册。	126
工作任务单二十二	请制作研学旅行交通出行环节的工作人员分工及联络表。	133
工作任务单二十三	请制作集中住宿期间安全巡查人员安排表。	136
工作任务单二十四	请收集你所熟悉的餐饮供应方的营业执照、食品经营许可证、从业人员健康证、消防安全许可证照片,熟悉餐饮四证的内容。	140
工作任务单二十五	请简要回答研学旅行开营仪式的工作要点。	143
工作任务单二十六	请列举开展不同类型研学旅行课程时的工作要点。	148
工作任务单二十七	请列举实施研学空间转场的注意事项。	151
工作任务单二十八	请简要回答研学闭营仪式的工作要点。	153
工作任务单二十九	请简要回答研学旅行服务评价优化的重要性。	156

项目一
认知研学旅行

知识目标

1. 掌握研学旅行的定义
2. 熟悉研学旅行的组织方式
3. 熟悉研学旅行的学习方式
4. 掌握研学旅行的构成要素

技能目标

1. 能区分广义研学和狭义研学
2. 能从学习方式上区分"真假研学"
3. 能阐述研学旅行各构成要素的需求

思政目标

1. 增强研学职业的荣誉感和责任感
2. 树立创新意识,培养思辨能力

知识框架

学习情境	工作任务	工作任务单
研学旅行是社会实践教育发展的必然趋势。请问什么是研学旅行？研学旅行的内容有哪些？具备什么样的特征？	认知研学旅行的基本概念	请用思维导图的形式整理研学旅行的基本概念
旅游活动的构成要素可归纳为"三体说"，主体是旅游者，客体是旅游资源，介体是旅游服务业。请问研学旅行的构成要素有哪些？	分析研学旅行的构成要素	请分析研学参与各方在研学活动中的需求

任务一 认知研学旅行的基本概念

任务导入

研学旅行是社会实践教育发展的必然趋势。请问什么是研学旅行？研学旅行的内容有哪些？具备什么样的特征？

任务解析

本任务围绕研学旅行的定义、内涵、学习特征、组织方式等核心问题展开，旨在帮助学习者认知、了解研学旅行。

任务重点

了解研学旅行的定义。

任务难点

掌握研学旅行的学习方式。

任务实施

一、研学旅行的定义

2016年，教育部等11部门联合印发《关于推进中小学生研学旅行的意见》，其中明确提出"中小学生研学旅行是由教育部门和学校有计划地组织安排，通过集体旅行、集中食宿方式开展的研究性学习和旅行体验相结合的校外教育活动，是学校教育和校外教育衔接的创新形式，是教育教学的重要内容，是综合实践育人的有效途径"。中小学生研学旅行是狭义的研学旅行。

广义的研学旅行是以青少年群体为重点的全体国民研学活动,广义的研学旅行的定义为不限定学生的范围(包括中小学生、大学生、研究生,甚至幼儿园和老年大学学员等)、不限定组织方(包括家长组织、社会组织、教培机构组织和单位组织等)、不限定出行时间(寒暑假、法定节假日、周末时间等)的研学旅行活动,担负培养研学参与者的科学精神、环境保护和公民意识的教育目标。符合党的二十大报告中提出的"建设全民终身学习的学习型社会、学习型大国"的理念。广义的研学旅行或称为"研学旅游"。

本教材以中小学生为研学旅行对象展开教学。

二、研学旅行的内涵

(一)研学旅行的基本特征

研学旅行是一种群体性的外出实践活动,为青少年提供了一个从自然人向社会人转变过程中重要的成长经历。学者们注意到研学旅行作为综合实践课程的重要组成部分具有普及性、课程性、教育性、体验性和公益性等特点。除此之外,其实践性和群体性也不可忽视。实践性是指成年人不可能代替孩子完成体验,群体性则强调孩子和同伴之间的体验交流。研学旅行实施过程中要强调研学旅行主体的自主性、研学旅行内容的开放性、研学旅行方法的探究性。就研学旅行实施内容、研学目的地范围及研学时间范围来看,学者们主张按照中小学生成长的身心规律,地点由近至远,时间由短至长,内容逐渐从乡情、市情扩大到省情和国情范围,这有利于循序渐进地激发学生们热爱家乡、热爱祖国的思想情操。

(二)研学旅行的教育目标

研学旅行承载着基础教育阶段素质教育的重任,学者们普遍注意到了"感受祖国大好河山,感受中华传统美德,感受革命光荣历史,感受改革开放伟大成就,增强对坚定'四个自信'的理解与认同"的爱国主义、革命传统和国情教育目标,也注意到了"学会动手动脑,学会生存生活,学会做人做事,促进学生的身心健康、体魄强健、意志坚强,促进形成正确的世界观、人生观、价值观,培养他们成为德、智、体、美、劳全面发展的社会主义建设者和接班人"的社会责任感和实践能力培养目标。除此以外,一线教师根据研学旅行的主题和内容,在组织和指导课程时,也注意到研学旅行有利于"加强师生交流沟通,培养和谐的师生关系"。

(三)研学旅行的教育意义

研学旅行的教育意义可以从国家、学校和学生三个层面阐释。

从国家层面来看,研学旅行是贯彻《国家中长期教育改革规划和发展纲要(2010—2020年)》的行动,是培育学生践行社会主义核心价值观的重要载体,也是拓展文化旅游发展空间的重要举措。

从学校层面来看,研学旅行是深化基础教育课程改革的重要途径,是推进实施素质教育的重要阵地,是学校教育与校外教育相结合的重要组成部分。

从学生层面来看,有学者借鉴国外学者的研究,具体提出了研学旅行在"问题解决和思考能力、人际沟通能力、信息管理能力、自我管理的学习能力、适应能力、对社会与文化的包容能力、时间及财务管理能力及自我激励和独立个人品性能力"八项能力培养方面的教育功能。

有学者借鉴培养创新人才所需要的心智模型,特别阐释了研学旅行在知识心智、内在动机心智、多元文化经验心智、问题发现心智、专门领域判断心智和说服传播心智方面对学生心智能力培育的影响和意义。

三、研学旅行的学习特征

(一)体验式学习

学习者只有参与到具体的实践活动中,才能通过观察、思考与探究发现新的现象或问题,才能不断地产生学习兴趣,增强学习动力与热情,从而不断产生新的感悟、思考和认识。研学旅行让学习者进入具体的情境,在场体验,开展体验性学习,借助身体的感官进行感知和感悟,完全投入到实际体验活动中,在真实的环境中通过亲身的体验获取经验。

(二)探究性学习

学习的过程是一个探究的过程,学习者必须进入一定的情境,积极参与,主动观察与思考,完成学习任务。学习的情境原则倾向于从更有效的实践活动来看学习。研学旅行主要是从现实生活中选择和确立研学旅行主题,参与者走进自然、融入社会生活,发现问题,并开展观察、调查、体验、表达与交流等探索活动,以获得知识,发展情感,端正态度,形成认知和技能,使身心得到和谐发展。

(三)开放性学习

开放性学习是学习者对学习信息进行主动选择与加工的过程,学习者在这一过程中运用新的信息对自己原有的认知结构进行重新编码,生成新的认知结构和新的意义。研学旅行的进程是开放性的,能根据参与者的能力得到逐步扩展,并生成更广阔的学习资源。参与者在研学旅行的过程中,能够从现实生活世界的情境中收集解决问题的第一手资料,并随着认识的不断深化和体验的不断丰富,认知、行为、情感等在亲历和体验过程中不断萌发、成长。

认知研学旅行

四、研学旅行的组织形式

《关于推进中小学生研学旅行的意见》中提到,研学旅行的组织方为教育部门和学校,组织的研学旅行是以整年级、整班为单位,集体旅行、集中食宿,在带队教师或者研学旅游指导师的带领下一起活动,相互研讨,增加对集体生活方式和社会公共道德的体验。研学旅行的时间安排,原则上定为小学阶段2天1夜,初中阶段3天2夜,高中阶段4天3夜。各省市在实践中对研学旅行时间安排虽有不同,但大多数都是小学阶段1到3天,初中阶段1到4天,高中阶段1到5天。

【推荐阅读】

1.《关于推进中小学生研学旅行的意见》(教基一〔2016〕8号)
2.《中华人民共和国旅游法》

资源链接

【工作任务单一】

请用思维导图的形式整理研学旅行的基本概念。

任务二 分析研学旅行的构成要素

任务导入

旅游活动的构成要素可归纳为"三体说",主体是旅游者,客体是旅游资源,介体是旅游服务业。请问研学旅行的构成要素有哪些?

任务解析

开展研学旅行需要哪些机构、人员?学校作为组织方需要派驻哪些人员,研学旅行的承办方需要哪些人员?本任务围绕研学旅行开展的相关参与方和需要的工作人员,解释相关概念和工作内容,让学习者整体了解研学相关方的分工与职能。

任务重点

了解主办方、承办方、供应方的定义。

任务难点

了解研学相关方的职能。

任务实施

一、主办方的定义

2016年,国家旅游局颁布的行业标准《研学旅行服务规范》(LB/T 054—2016)对主办方的定义为有明确研学旅行主题和教育目的的研学旅行活动组织方。该行业标准对主办方的基本要求如下。

(1) 应具备法人资质。

(2) 应对研学旅行服务项目提出明确要求。

(3) 应有明确的安全防控措施、教育培训计划。

(4) 应与承办方签订委托合同,按照合同约定履行义务。

中小学生研学旅行活动的主办方主要是中小学校,市场上也有旅行社、教育机构、文化公司等机构担任主办方的情况。

二、承办方的定义

《研学旅行服务规范》(LB/T 054—2016)对承办方的定义为与研学旅行活动主办方签订合同,提供教育旅游服务的旅行社。

标准对承办方的基本要求如下。

(1) 应为依法注册的旅行社。

(2) 符合 LB/T 004 和 LB/T 008 的要求,宜具有 AA 及以上等级,并符合 GB/T 31380 的要求。

(3) 连续三年内无重大质量投诉、不良诚信记录、经济纠纷及重大安全责任事故。

(4) 应设立研学旅行的部门或专职人员,宜有承接 100 人以上中小学生旅游团队的经验。

(5) 应与供应方签订旅游服务合同,按照合同约定履行义务。

由于中小学生研学旅行的服务对象是未成年人,且具有教育属性,必须强调研学旅行服务机构的安全性和专业性。基于安全性要求,旅行社同时要对旅行车辆、驾驶员、行车线路、住宿、餐饮等环节严格把关,杜绝安全隐患。根据专业性要求,要有专门服务于研学旅行的部门、专职的研学旅游指导师和导游队伍,要有研学旅行系列产品并且不断完善,并具有根据组织方的要求定制研学旅行线路的能力。

三、供应方的定义

《研学旅行服务规范》(LB/T 054—2016)对供应方的定义为与研学旅行活动承办

方签订合同,提供旅游地接、交通、住宿、餐饮等服务的机构。标准对供应方的基本要求如下。

(1) 应具备法人资质。

(2) 应具备相应经营资质和服务能力。

(3) 应与承办方签订服务合同,按照合同约定履行义务。

四、研学实践教育基地

研学实践教育基地是为中小学生研学旅行提供研学实践教育活动的场所。包括各类青少年校外活动场所、爱国主义教育基地、国防教育基地、革命历史类纪念设施或遗址、优秀传统文化教育基地、文物保护单位、科技馆、博物馆、生态保护区、自然景区、公园、美丽乡村、特色小镇、科普教育基地、科技创新基地、示范性农业基地、高等学校、科研院所、知名企业以及大型公共设施、重大工程基地等优质资源单位。

五、研学实践教育营地

研学实践教育营地是为中小学生研学旅行提供研学实践教育活动和集中食宿的场所,应有可供学生教学、活动、体验、休整、食宿的场所,且布局科学合理、功用齐全,还应有与研学实践教育活动相匹配的教学设施和器材,且各项教学用具、器材性能完好,能够满足开展研学实践教育活动和集中食宿的需求。

六、地方政府及有关职能部门

首先,地方政府及教育、文旅等职能部门应坚决贯彻落实教育部、文化和旅游部出台的系列政策文件;其次,贯彻落实省教育厅、文旅厅等省政府有关职能部门出台的研学旅行实施细则;再次,结合所在行政区域的文化旅游资源优势制定研学旅行指导方案,便于辖区内各中小学在组织开展研学旅行活动特别是研学旅行产品采购方面有据可依,防止各校自行其是,杜绝缺乏规范性而引发的研学市场秩序混乱等问题;最后,对中小学校在开展研学旅行过程中存在的突出问题要及时立案调查,调查结果应该通过合理的方式向全社会、全行业通报,以起到警示教育的作用。如果大部分学生对某一批次的研学旅行产品体验都很差,那就该引起学校及教育行政部门的重视,要及时督促涉事研学旅行基地在规定的时间内整改到位。

七、教育行政管理部门

教育行政管理部门既是研学旅行的保障方,又是研学旅行的决策者和指导者,应制定有关制度,建立工作领导方案,建立研学旅行长效管理体系,为学校开展研学旅行活动提供政策支持。

八、中小学校

中小学校是研学旅行产品采购的重要利益相关方,能否按时保质保量采购所需要的研学旅行产品,关系到每学期研学旅行教育计划能否顺利实施。中小学校负责人应该在咨询研学旅行领域专家意见的基础上,通过问卷形式广泛搜集学生(含学生家长)及任课教师的合理关切,并与同等办学实力、办学层次的学校负责人深入沟通,吸收合理的意见建议,达成广泛共识。

九、研学旅行参与者

在狭义的研学旅行定义中,研学旅行参与者仅指中小学生。组织中小学生参与以集体旅行、集中食宿方式开展研究性学习和旅行体验相结合的校外教育活动,达到学校教育和校外教育创新和综合实践育人的目标。

广义的研学旅行定义中,研学旅行参与者不限定学生的范围,包括中小学生、大学生、研究生,甚至幼儿园和老年大学学员等,泛指有研学需求的国民。

十、中小学生家长

中小学生是未成年人,参与研学旅行要征得监护人的同意,应确保家长在研学路线、收费标准、承接机构方面的知情权和参与权。

《中华人民共和国民法典》第二十七条规定,父母是未成年子女的监护人。未成年人的父母已经死亡或者没有监护能力的,由下列有监护能力的人按顺序担任监护人:

(1) 祖父母、外祖父母;

(2) 兄、姐;

(3) 其他愿意担任监护人的个人或者组织,但是须经未成年人住所地的居民委员会、村民委员会或者民政部门同意。

《中华人民共和国未成年人保护法》第二十二条规定,未成年人的父母或者其他监护人因外出务工等原因在一定期限内不能完全履行监护职责的,应当委托具有照护能力的完全民事行为能力人代为照护;无正当理由的,不得委托他人代为照护。未成年人参加旅游团,须由其监护人办理报名手续,出具"未成年人参加旅游团家长同意书"。若是出国旅行,应办理:①未成年人的出生公证;②未成年人家长或监护人同意未成年人出国旅行的声明书公证。

十一、研学旅游指导师

2022年9月,人力资源和社会保障部发布《中华人民共和国职业分类大典(2022年版)》,大典中新增研学旅行指导师职业(现已更名为研学旅游指导师)。2024年7月,人力资源和社会保障部等发布通知,定义研学旅游指导师为"策划、制订、实施研学旅行方案,组织、指导开展研学体验活动的人员"。

十二、研学旅行安全员

安全员在研学旅行过程中随团开展安全教育和防控工作。

《关于推进中小学生研学旅行的意见》中提到,学校自行开展研学旅行,要根据需要配备一定比例的安全员,负责学生活动管理和安全保障。《研学旅行服务规范》中要求应至少为每个研学旅行团配置一名安全员,安全员在研学旅行过程中随团开展安全教育和防控工作。

十三、导游

《研学旅行服务规范》要求应至少为每个研学旅行团配置一名导游人员,导游人员负责提供导游服务,并配合相关工作人员提供研学旅行教育服务和生活保障服务。

十四、研学旅行课程

研学旅行课程是专门为研学旅行设计的课程体系,归属于综合实践活动课程的大分类。课程体系设计包含课程目标、课程内容、课程安排、课程评价等四大要素,旨在设计一系列体验性的教育实践活动。

研学旅行课程设计应满足:①课程设计应针对不同学段;②设计课程包含课程名称、课程目标、课程简介、实施流程、研究问题、分享展示、总结评价等要素;③课程内容与实施要遵循开放、体验、实践、互动、安全等原则。

十五、研学旅行线路

研学旅行线路是指在一定地域空间,研学旅行服务机构针对研学旅行市场的需求,凭借交通线路和交通工具,遵循一定原则,将若干研学实践教育基(营)地和研学旅行课程等合理地贯穿起来,专为学生开展研学旅行实践活动而设计的线路。

研学旅行的线路不同于一般的观光旅行线路,它具有明确的研学主题,线路上的每一个点都是一个教学单元,每一单元都是线路总主题的组成部分。因此,研学旅行的线路设计具有课程与教学内容的整体性和统一性。研学旅行线路应主题明确,合理安全地组合研学旅行课程的学习、交通、餐饮、住宿等,距离合适,旅程连贯,保证研学旅行参与者的安全和学习的良好体验。一条好的研学旅行线路能通过旅行的深入来循序渐进地达成教学目的。

十六、研学旅行的人员配置

研学旅行服务团队应由主办方、承办方及主要供应方共同配置人力资源组建,工作人员与参与者的配比应至少达到1:20。岗位人员配置包括:

(1)项目管理人员;
(2)研学旅游指导师;
(3)生活及后勤保障人员;
(4)研学旅行安全员等。

十七、工作人员职责

项目工作人员职责应包括研学旅行活动的管理、联络、监督和协调工作。

1. 研学旅游指导师的职责

(1) 收集研学旅行参与者需求和研学旅行资源等信息。

(2) 开发研学旅行活动项目。

(3) 编制研学旅行活动方案和实施计划。

(4) 解读研学旅行活动方案,检查参与者准备情况。

(5) 组织、协调、指导研学旅行活动项目的开展,保障安全。

(6) 收集、记录、分析、反馈相关信息等。

2. 生活保障及后勤人员的职责

(1) 保障研学旅行活动中的各类生活服务,包括交通、住宿、餐饮、医疗等。

(2) 保障研学旅行活动中的各类后勤服务,如物资运送、跟拍摄影等。

(3) 协助管理活动秩序,保障参与者的人身安全。

3. 研学旅行安全员职责

(1) 防控研学旅行活动中的各项安全问题,对重点环节、风险区域、危险行为等实施安全监控,并进行安全警示和实施安全救援。

(2) 落实交通安全防控,并对供应方实施安全监督及工作检查。

【推荐阅读】

1.《研学旅行服务规范》(LB/T 054—2016)

2.《旅游业基础术语》(GB/T 16766—2010)

3.《"十四五"旅游业发展规划》

4.《"十四五"文化和旅游发展规划》

【工作任务单二】

请分析研学旅行各方在研学活动中的需求。

项目小结

本项目主要是让学习者认知研学旅行的内涵和构成。任务一阐述研学旅行的定义、内涵、学习特征、组织方式等;任务二主要阐述了开展研学旅行的构成要素,旨在让学习者对研学旅行有整体认知。

思考练习

(1)阅读国务院发布的《"十四五"旅游业发展规划》和文化和旅游部发布的《"十四五"文化和旅游发展规划》,思考新时代下旅行社的功能有哪些?

(2)通过新闻媒体等途径,总结当今研学发展存在的问题,分析制约研学高质量发展的因素有哪些? 可以通过哪些路径解决?

知识链接

项目二
组织研学旅行

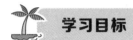 学习目标

知识目标

1. 了解承办方、招标、招标人和投标人、教育行政部门备案等基本知识
2. 熟悉研学旅行活动的招标类型、流程及备案程序
3. 掌握承办方的遴选流程、招标书的撰写内容及研学旅行活动备案内容

技能目标

1. 能阐明承办方的资质要求、研学旅行活动的备案程序、招标流程
2. 能根据研学旅行活动要求遴选适合的承办方
3. 能撰写研学旅行活动招标公告
4. 能根据教育行政部门要求完成研学旅行活动备案

素养目标

1. 培养信息意识和甄别意识,建立独立判断习惯
2. 培养缜密的思维和逻辑能力,塑造认真细致、勇于钻研的学习态度

知识框架

学习情境	工作任务	工作任务单
自2016年支持研学旅行发展的各层面政策文件出台以来,各类主体纷纷涌进研学旅行市场。2023年,暑期"研学热"中,研学旅行产品实际内容与广告宣传不符、价格虚高、只游不研等现象频发,让社会各界甚是担忧。这让有计划组织五年级学生开展一次传统文化主题类研学旅行活动的A市B中学的王校长有些犯了难,准备向C中学的谷校长取经。为了避免2023年暑期"研学热"中出现的一些问题,该如何选择承办研学旅行活动的第三方机构?合适的承办方应该满足哪些条件?	选择研学旅行的承办方	假如你是C中学的谷校长,自行选择方式与B中学的王校长交流如何选择合适的研学旅行活动承办方
为了保障传统文化主题类研学旅行活动的顺利开展,B中学的王校长向C中学的谷校长取经后决定通过公开招标的方式选择承办此次活动的第三方机构,并成立了研学旅行工作领导小组。请问什么是招标?招标的程序是什么?	中小学校研学旅行招标流程	假如你是B中学研学旅行工作领导小组组长,请根据研学旅行活动实际情况拟写一份招标公告
根据教育部等11部门发布的《关于推进中小学生研学旅行的意见》及当地教育行政部门有关要求,B中学开展研学旅行活动前须报当地教育行政部门备案。请问须向哪级教育行政部门备案?应备案哪些内容?备案程序是什么?	学校行前须报教育行政部门备案	简述研学旅行活动的备案流程,并帮助B中学研学旅行工作领导小组拟定一份研学旅行活动备案内容清单

任务一 选择研学旅行的承办方

任务导入

自2016年支持研学旅行发展的各层面政策文件出台以来,各类主体纷纷涌进研学旅行市场。2023年,暑期"研学热"中,研学旅行产品实际内容与广告宣传不符、价格虚高、只游不研等现象频发,让社会各界甚是担忧。这让有计划组织五年级学生开展一次传统文化主题类研学旅行活动的A市B中学的王校长有些犯了难,准备向C中学的谷校长取经。为了避免2023年暑期"研学热"中出现的一些问题,该如何选择承办研学旅行活动的第三方机构?合适的承办方应该满足哪些条件?

任务解析

哪类机构可以作为中小学校组织研学旅行活动的承办方,这是研学旅行活动各类参与主体推进研学旅行工作过程中争论的焦点。本任务围绕此核心问题,在系统分析承办方定义的基础上,列出承办方的基本要求、遴选方式,旨在帮助学习者整体掌握承办方的基本知识。

任务重点

了解承办方的定义、基本要求。

任务难点

了解承办方的遴选方式。

任务实施

一、承办方的定义

承办方是指承办研学旅行活动的第三方机构。2016年8月15日,《国家旅游局办公室关于对研学旅行有关意见的复函》明确,中小学、教育行政部门所属的对外教育交流机构或者共青团、少先队与妇联组织等社会团体以外的单位和个人,以营利为目的招徕、组织、接待中小学生进行研学旅行、夏(冬)令营活动,并为其安排交通、住宿、餐饮、游览甚至导游、领队等多项旅游服务的,应当取得相应旅行社业务经营许可。2016年12月19日,国家旅游局发布的《研学旅行服务规范》(LB/T 054—2016)中明确研学旅行承办方为"与研学旅行主办方签订合同,提供教育旅游服务的旅行社"。

综合国家、各地市的研学旅行政策及研学旅行实践,本教材将承办方定义为经市场监督管理部门登记注册,取得相应业务经营许可,与研学旅行主办方签订合同,提供教育旅游服务的旅行社。在研学旅行实践中,承办方为中小学校提供的服务内容通常以集体旅行、集中食宿的方式进行,时间跨度根据不同学段安排在1—7天不等。一般情况下,承办方需要提供交通、食宿、讲解、导游及活动组织等服务。

二、承办方的基本要求

承办方在遵守《研学旅行服务规范》(LB/T054—2016)的同时,还应配置以下人员。
(1)项目组长:全程跟团活动,负责统筹协调研学旅行各项工作。
(2)安全员:在研学旅行过程中随团开展安全教育和防控工作。
(3)研学旅游指导师:负责制订研学旅行教育工作计划,在带队教师、导游员等工作人员的配合下提供研学旅行教育服务。
(4)导游人员:负责提供导游服务,并配合相关工作人员提供研学旅行教育服务和生活保障服务。

三、承办方的遴选方式

研学旅行活动的主办方可以根据研学旅行规模的大小,依照相关法律的规定,确定研学旅行活动的承办方是否需要通过公开招标的方式选择。一般情况下,主办方遴选研学旅行活动承办方的方式有三种。

1. 公开招标

主办方可依照法律规定要求,直接进行公开招标确定研学旅行活动的承办单位。公开招标面向的是全社会,符合招标资质和要求的单位均可以参加投标。

2. 邀请招标

主办方可依照法律规定,采用邀请招标的方式确定研学旅行活动的承办单位。主办方可以参考过往合作的经验和教训,向三个以上具备承担研学旅行能力、资质信用良好的特定的法人或者其他组织发出投标邀请。

3. 直接确定承办单位

在法律不强制要求招标的情况下,主办方可以直接确定研学旅行活动的承办单位。对于非必须招标的活动,建议采取以下有助于优中选优的方法确定承办单位。

第一,确定有合作意向的承办单位。选择承办单位可以参考以往双方的合作效果,也可以选择其他学校的研学旅行合作伙伴。

第二,对有合作意向的承办单位进行实地考察,考察对象不少于三家。

第三,根据考察结果,通过讨论分析,确定最终的合作伙伴。

无论是通过公开招标、邀请招标还是直接确定承办单位,招标人都需要根据招标项目本身的要求,让潜在投标单位或有合作意向的单位提供有关资质证明文件和业绩情况,并进行资格审查,以确保合作单位的信誉及研学旅行服务质量。

微课

承办方的遴选方式

资源链接

【推荐阅读】

1.《关于推进中小学生研学旅行的意见》(教基一〔2016〕8号)
2.《研学旅行服务规范》(LB/T 054—2016)

【工作任务单三】

假如你是C中学的谷校长,自行选择方式与B中学的王校长交流如何选择合适的研学旅行活动承办方。

研学旅行操作实务

任务二 中小学校研学旅行招标流程

任务导入

为了保障传统文化主题类研学旅行活动的顺利开展,B中学的王校长向C中学的谷校长取经后决定通过公开招标的方式选择承办此次活动的第三方机构,并成立了研学旅行工作领导小组。请问什么是招标?招标的程序是什么?

任务解析

2016年,教育部等11部门联合印发的《关于推进中小学生研学旅行的意见》中指出,"学校组织开展研学旅行可采取自行开展或委托开展的形式。学校采取委托开展研学旅行,要选择有资质、信誉好的企业签订协议书,明确委托企业或机构承担学生研学旅行安全责任"。为了更规范地推进研学旅行工作,各地出台了一些细化政策。比如,广西壮族自治区教育厅发布通知,若委托第三方服务机构实施的,应由学校自主选择、合理确定有资质和信誉好的委托企业或机构,提倡学校按照相关要求面向社会进行公开招标确定第三方服务机构。而中小学校如何开展研学旅行活动招标工作呢?本任务围绕此问题,首先阐明招标信息、招标人和投标人等基本概念,着重阐述招标过程,并结合相关知识点提供一些案例,旨在通过"理论+案例"的形式帮助学习者掌握中小学校研学旅行活动的招标流程。

任务重点

了解招标信息、招标人和投标人等概念。

任务难点

熟悉中小学校研学旅行招标流程。

任务实施

一、招标信息

招标信息是招标公告、招标预告、中标公示、招标变更等公开招投标行为的总称。研学旅行招标信息主要包括:①学校作为招标人或委托招标代理机构发布在各类媒体上的项目公开招投标信息,主要是为了说明研学旅行活动招标的服务内容和标准要求、标段(研学线路)设置、课程要求、投标人的资格要求以及相关时间节点等信息。②评标时间及工作流程、工作要求等预告信息。③评标结果、中标单位公告与公示信息。④招标期间因特殊原因发生招标变更的公告信息。⑤招标结果公示期间发现严重违反相关规定的线索时,必须对招标结果予以变更的公告信息。

二、招标人和投标人

招标人是"招标单位"或"委托招标单位"的别称,指企业经济法人而非自然人。在研学旅行活动中,招标人指的是计划组织和开展研学旅行活动的中小学校。招标人需要具备如下条件:具有与招标项目相适应的管理人员;具有组织、编制招标文件的能力;具有审查投标单位资质的能力;具有组织开标、评标、定标的能力。

投标人是指在招标投标活动中以中标为目的响应招标、参与竞争的法人或其他组织。研学旅行活动中的投标人是指有意承办研学旅行活动的第三方机构。

三、招标流程

主办方开展研学旅行活动的招标工作一般有以下流程。

(一)招标准备

学校确定所需的研学旅行服务,包括课程主题、线路设计、食宿、交通、安全管理等服务,明确招标报价、评价标准等相关要求。

(二)发布招标公告

招标公告是指中小学校在遴选适宜的能承办研学旅行活动的第三方机构时,公布标准和条件,提出价格和要求等项目内容,以期从中筛选出合适的承办单位或承包人参与招标活动的一种文书。中小学校可以利用网站或者社交软件官方号,面向社会公开发布招标公告,给更多有能力的研学旅行服务机构提供参与投标的机会。

(三)召开招标说明会

召开招标说明会的目的是面向全体投标单位说明研学旅行招标工作的详细要求,便于投标单位设计标书时参考。招标书可以直接以公告的形式发布,投标者自行阅读理解,按要求操作,也可以以会议的形式集中当面解读。招标说明会一般涉及以下内容。

(1)研学旅行活动线路和资源。中小学校说明参与研学旅行的学生及教师数量,是否需要提供食宿等基本情况。

(2)研学旅行课程方案的设计要求。中小学校根据自身研学旅行活动特点,对研学旅行课程的体验性、综合性、专题性等提出要求和建议。

(3)研学旅行安全要求。中小学校提出研学旅行安全预案要求,如交通、饮食、住宿、突发事故等方面的安全措施。

(4)交通工具要求。中小学校说明交通工具类型、司乘人员素质、乘坐环境等。

(5)住宿安全要求。中小学校说明住宿酒店的等级、消防安全、每间房住宿人数、周边环境安全、不宜频繁更换住宿酒店等。

（6）饮食安全要求。中小学校说明学生分桌、特色菜品、禁忌食品、少数民族学生用餐、饮食环境等。

（7）研学旅游指导师服务要求。中小学校要求研学旅游指导师有热情、耐心，喜欢学生、能调动学生学习和活动兴趣、熟悉研学旅行资源等。

（8）讲解/课程实施要求。中小学校说明研学旅游指导师数量、耳麦配备、讲解效果、学生参与讲解要求等。

（9）医护人员配备。对于中小学校不能提供医护人员的研学旅行活动，承办单位应提供医护人员随行，以保障学生的身体健康。

（10）报价要求。报价应合理。

（11）投标资料投递时间和途径。一般要求电子版发送邮箱，纸质版送达学校。

（12）后续事项及时间安排等。

（四）召开评标定标会

1. 评标人员组成

评标人员一般由主管教学的副校级领导、德育工作负责人、研学旅行项目负责人、研学旅行项目组成员、学生代表、家长代表、带队教师代表等多方主体成员组成，一般为5—10人。

2. 拟定评标标准

中小学校可以根据研学旅行目标设计相应的评标标准，以表格的形式呈现（见表2-1）。

表2-1 研学旅行活动评标标准

序号	投标单位名称	机构资质和文件资料的齐全程度（10分）	研学旅行活动组织成功案例（每一例得2分）（10分）	研学旅行课程方案和学生手册设计的合理性（50分）	研学旅行安全预案的完备性（15分）	报价价格（以平均价格为准，偏离平均价格5%以内为满分，每偏离5%扣5分）（15分）	合计
1							
2							
3							
4							

3. 评标流程

（1）开标和议标。收齐各投标机构的标书信息后，全体评标人员集中进行开标，仔细阅读标书。评标人根据各单位的标书进行讨论，确定达标的机构数量和名单，一般5家单位入选比较合适。入选者由负责人员通知述标的时间和地点。

(2)述标和评标。述标是评标过程中的重要环节,也是定标的重要依据。投标单位需要派出人员参与述标,招标单位需要组成评标团队进行评标、定标。可参照如下流程。

①决定顺序:利用抽签的形式决定述标顺序。

②述标:投标机构一般通过课件、视频、解说等方式,对单位资质、研学旅行课程设计、课程实施、课程亮点、线路报价、安全预案等方面进行说明。时间一般为10—15分钟。中小学校可以根据自身实际情况确定时间。

③等待公布结果:述标结束,投标机构人员可直接离开,等待公布结果。

④评分:评标团队按照评标标准进行打分,并在自己的打分表上签字。

(3)定标。中小学校招标负责人汇总评标团队的评分,算出平均分。同一条线路的所有投标机构中,得分最高为竞标成功者。

（五）公布招标结果

确定中标结果无误后,中小学校利用社交软件官方号或者校园官网等多媒体渠道,面向社会公开发布中标结果,接受监督。

（六）签订合同

研学旅行活动承办单位的中标结果公示无异议后,进入签订合同环节。

1. 拟订合同

研学旅行中标机构提供合同文本。常用的合同示范文本是2014年国家旅游局和国家工商行政管理局共同制定发布的"团队境内旅游合同"。中小学校相关负责人和研学旅行中标机构负责人可以根据实际情况,就具体问题进行协商,达成协议,以书面形式对示范文本内容予以变更或者补充。

2. 法律顾问审阅合同

中小学校法律顾问需要对协商好的合同请进行审核、修改和完善。双方在无异议的情况下签订合同。

上述招标过程中的全部资料均要存档,以备需要时查阅。

微课

中小学校组织研学旅行活动的招标流程

资源链接

【推荐阅读】

《中华人民共和国招标投标法》

【工作任务单四】

假如你是B中学研学旅行工作领导小组组长,请根据研学旅行活动实际情况拟写一份招标公告。

任务三 学校行前须报教育行政部门备案

🔵 任务导入

根据教育部等11部门发布的《关于推进中小学生研学旅行的意见》及当地教育行政部门有关要求,B中学开展研学旅行活动前须报当地教育行政部门备案。请问须向哪级教育行政部门备案?应备案哪些内容?备案程序是什么?

🔵 任务解析

2016年,教育部等11部门印发的《关于推进中小学生研学旅行的意见》中指出,"学校组织开展研学旅行,须按管理权限报教育行政部门备案"。本任务围绕此政策要求,首先阐述教育行政部门、备案等基本知识,并说明备案内容要求和备案流程,旨在帮助学习者掌握中小学校组织开展研学旅行活动前如何按政策要求报当地教育行政部门备案。

🔵 任务重点

了解教育行政部门、备案的基本定义。

🔵 任务难点

掌握备案内容要求和备案流程。

任务实施

一、教育行政部门的含义

教育行政部门是指政府主管教育工作的部门,分为中央教育行政部门和地方教育行政部门两类。其中,我国地方教育行政部门分为省、市、县三级,受同级人民政府统一领导,并受上级教育行政部门的领导或者业务指导。在省级别,通常是省级政府教育主管部门的下属机构,如各省教育厅;在地市级别,通常是地市政府教育主管部门的下属机构,如市教育局。此外,教育局还可以在县、区、乡镇等层级设立,以履行相应的教育管理职责。

二、备案的含义

2016年11月,教育部等11部门印发的《关于推进中小学生研学旅行的意见》中提出要规范研学旅行组织管理,各地教育行政部门和中小学要探索制定中小学生研学旅行工作规程,做到"活动有预案,行前有备案,应急有预案"。

备案是指向主管机关报告事由存案以备查考,大体分为经营性备案和非经营性备案两种。研学旅行活动备案属于非经营性备案,指学校开展研学旅行,提前拟定活动计划并按管理权限报区县级教育行政部门备案。

三、备案内容要求

区县级教育行政部门对学生集体外出活动一般要求提前10—15天备案。要求在备案表上填写学生外出时间、外出人数、活动地点、外出活动名称、交通方式、车(船)数量、车(船)租赁公司名称、委托第三方公司名称等。

综合各地教育行政部门相关要求,研学旅行活动备案的主要审查内容如下。

(1)家长说明信。若收费则要写明收费总额和明细,不收费则写明费用由学校负责;写明若出现不可抗力因素,活动会取消或者延迟;告知家长学校已对学生进行了安全教育,也请家长对自己的孩子进行安全教育;说明社会实践活动是学校的规定课程,学生应本着自愿的原则参加,不参加的学生要按时到学校上课。

(2)踩点说明。写明活动有无危险、若有危险如何处置,无危险的写明此次活动无危险区域,要求2人以上踩点人签字。

(3)食品安全相关证明。提供食品经营许可证、餐饮服务许可证、营业执照等。证件应注明日期,证件上的经营范围必须包含餐饮。

(4)住宿宾馆的营业执照。提供复印件,可以和食品安全相关证明放一张纸上。

(5)交通安全预案。提供用车活动安全保证书、租车协议书、活动安全责任书(与旅行社、借贷方签订)等。

(6)集体外出申报表。写明出行方式,如汽车、铁路、航空、水运等。若是采用汽车出行,要注明车牌号、司机姓名、检验合格证明等。要求学校法人签字。

(7)研学旅行活动方案。研学旅行活动方案是指为了组织和实施研学旅行而制订的一份详细计划,一般包括:活动主题;活动对象;活动的目的及意义;活动时间、地点;活动形式;活动内容概述;行程安排(行程、餐饮、交通);组织机构和职责分工;安全教育措施;安全负责人姓名及联系方式等。

(8)外出活动安全工作应急预案。包括指导思想、工作目标、组织领导、活动时间地点及参加人数、工作安排及分工、紧急事件处理办法(交通安全应急预案、食品安全应急预案、住宿安全应急预案、自然灾害应急预案等)等。

四、备案流程

综合各地教育行政部门相关要求,研学旅行活动备案流程主要包括以下步骤。

(1)提前10—15天提出向教育行政部门提交活动申请。

(2)按照教育行政部门相关要求,准备备案材料,如学生集体外出活动备案表、汽车租赁合同、学生外出活动安全责任书、学校研学踩点说明、学校主题研学活动安全工作预案、学校研学活动交通应急预案、研学活动住宿安全应急预案等。

(3)提交当地教育行政部门审核。

学校行前须报教育行政部门备案内容

【推荐阅读】

1.《关于推进中小学生研学旅行的意见》(教基一〔2016〕8号)

2.崔立勇《研学旅行,什么在"拖后腿"?》,《中国经济导报》,2023年8月1日第3版

3.付会荣,魏巍《严管严控多保障规范"研学游"新生态》,《山西法治报》,2024年1月26日第3版

资源链接

【工作任务单五】

简述研学旅行活动的备案流程,并帮助B中学研学旅行工作领导小组拟定一份研学旅行活动备案内容清单。

项目小结

本项目共分为三个任务,着重对中小学校组织研学旅行活动需要开展的工作进行了阐述。任务一阐述了组织开展研学旅行活动遴选承办方的基本要求和方式;任务二阐述了中小学校开展研学旅行活动招标的基本流程;任务三阐述了中小学校组织研学旅行活动前报教育行政部门备案的内容要求和流程。

思考练习

(1) 阅读文献,分析现阶段中小学校对组织研学旅行活动的顾虑。
(2) 阅读文献,思考中小学校如何高质量组织开展研学旅行活动。

项目三
研学旅行的开展

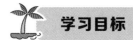

知识目标

1. 了解行前研学旅游指导师团队组建、行中监督主体和监督对象、成果定义及类型、研学旅行评价的概念与原则等基本知识

2. 熟悉研学旅行活动各参与主体的沟通事项及内容、行中监督内容和类型、成果的凝练方式、研学旅行评价的对象和过程等

3. 掌握行前课程组织实施的内容和方法、行中监督形式、成果的收集和展示、研学旅行的评价方式

技能目标

1. 能建立高效协作的研学旅游指导师团队,与研学旅行活动各参与主体进行有效沟通

2. 能实施研学旅行行前课程,监督研学旅行活动方案有效执行

3. 能指导学生完成不同类型的研学旅行成果凝练和展示

4. 能针对不同对象编制适宜的研学旅行评价方案,开展多元化多维评价

思政目标

1. 培养服务质量意识和问题发现意识,提升组织实施能力、协调关系能力

2. 培养解决问题和勤于反思的习惯,建立健康的审美价值取向,塑造理性思维

项目三 研学旅行的开展　025

 知识框架

学习情境	工作任务	工作任务单
组织一次研学旅行活动需要精心策划、周密部署。为了保证传统文化类主题研学旅行活动让学生"学有所获,游有所得",B中学的王校长要求研学旅行工作领导小组做好充分的行前准备。研学旅行行前需要做哪些工作?该如何准备?	行前准备	假如你是B中学研学旅行工作领导小组负责行前准备工作的老师,请自行组建工作小组,将行前准备内容及注意事项用思维导图的形式列举出来
为保证传统文化类主题研学旅行活动的质量,B中学研学旅行工作领导小组决定制定一份详细的研学旅行行中监督方案。行中监督对象是谁?应该监督哪些方面?	行中监督	请用思维导图的方式列出研学旅行行中监督对象及内容
校外研学旅行活动结束并不意味着整个研学旅行结束,还要有相应的研学旅行成果展示,这是检验学生研学旅行效果的有益方式。因此,A市B中学研学旅行工作领导小组在与承办方共同制定研学旅行活动方案时对研学旅行成果凝练进行了着重强调。研学旅行成果有哪些类型?如何凝练、展示和评价?	凝练成果	列举不同类型的研学旅行成果作品
在A市B中学研学旅行工作领导小组召开的研学旅行活动推进会上,王校长提出为激发学生参与研学活动的积极性,学校决定在研学旅行活动结束后召开年级表彰大会,届时将在校园LED大屏上滚动播放学生们的优秀研学旅行成果,并将此项工作的推进任务交给了研学旅游指导师团队组长赵老师。面对这项任务,赵老师应该从哪里着手?	实施评价	假如你是赵老师,请为即将参与此次传统文化主题研学旅行活动的学生设计一份评价量表

任务一　行前准备

任务导入

组织一次研学旅行活动需要精心策划、周密部署。为了保证传统文化类主题研学旅行活动让学生"学有所获,游有所得",B中学的王校长要求研学旅行工作领导小组做好充分的行前准备。研学旅行行前需要做哪些工作?该如何准备?

🔵 任务解析

中小学校组织开展研学旅行活动要做好充足的行前准备。本任务围绕该核心问题,从组织工作准备、活动安全准备、熟悉研学旅行活动方案、掌握研学旅行课程方案和学生手册、沟通研学旅行活动事项、组织实施行前课程六个层面全面阐述中小学校组织开展研学旅行的行前准备工作内容,旨在让学习者整体把握行前准备内容及要求。

🔵 任务重点

熟悉研学旅行活动方案,了解研学旅行课程方案和学生手册,学会沟通研学旅行活动事项。

🔵 任务难点

了解组织工作准备、活动安全准备、组织实施行前课程。

🔵 任务实施

一、组织工作准备

开展研学旅行活动前,学校首先要做好一系列的组织工作准备,一般包括以下四项内容。

(一)召开专题会议

校长作为研学旅行活动的第一责任人,在开展研学旅行活动前组织召开专题会议。目的是审核研学旅行活动方案、各类安全预案等,落实责任到人,留存会议记录。

(二)组建学校研学旅游指导师团队

《研学旅行服务规范》对主办方人员配置提出要求,应至少派出一人作为主办方代表,负责督导研学旅行活动按计划开展;每20名学生宜配置一名带队教师,全程带领学生参与研学旅行各项活动。

学校开展研学旅行活动前需组建学校研学旅游指导师团队,一般由领队教师与若干名专业教师组成。学校配备领队教师1名,通常由学校中层及以上领导担任,负责督导研学旅行活动按计划开展,以及负责学生日常作息及活动的组织管理。如果某一条研学旅行线路人数较多,需要分批出行,则应再配备1名副领队,带领后一批学生出行。同时,配备若干名研学旅游指导师,由学校相关学科老师担任,负责学生专业活动的知识讲解、活动安排、课题指导等工作。师生配比可以根据学生年龄阶段的不同做出合理的安排。

（三）遴选合作单位

若学校委托第三方机构组织活动,则需要公开遴选承办单位,要注意与其签订安全责任书。

（四）报教育行政部门备案

学校组织开展研学旅行,需要提前拟定活动计划并按管理权限报教育行政部门备案。

二、活动安全准备

开展研学旅行活动前,学校要做好活动安全准备工作,一般包括以下三项内容。

（一）制定研学旅行活动安全预案

学校开展研学旅行活动前须制定包括交通安全、住宿安全、食品安全、防恐、防伤害、防踩踏等方面的安全预案,并存档备案。

（二）开展安全教育

学校开展研学旅行活动前需要对参与研学旅行活动的全体师生开展有针对性的安全教育,列出隐患要点,采取预防措施。

（三）按标准要求做好安全准备工作

安排专人(副校长以上领导带队)做好考察踩点工作,做到对研学旅行基(营)地的地形地貌、空间(面积)、逃生通道、天气状况、消防设施、就餐地点、疏散集合地点、就近的医疗机构位置及联系方式等心中有数。若临时变更活动地点或活动路线,则需要重新踩点;若遭遇恶劣天气则需要暂停外出活动。

三、熟悉研学旅行活动方案

学校研学旅游指导师团队需要熟悉研学旅行活动方案,具体包括以下内容。

（一）熟悉研学旅行活动主题和目标

研学旅行活动主题是研学旅行活动的主旨与核心,决定着整个活动的内容和方向。革命传统类、自然生态类等不同主题的活动,会有不同的研学旅行活动目标,一般分为爱国主义教育、社会主义核心价值观教育、中华优秀传统文化教育、革命传统教育、生态文明教育、行为习惯养成教育等。因此,学校研学旅游指导师团队需要事先熟悉研学旅行活动的主题和目标,以便更好地指导学生开展研学旅行活动。

（二）熟悉研学旅行活动内容

学校研学旅游指导师团队要熟悉研学旅行活动内容,包括每一项活动的时间、地点、流程、目的等。可以通过网上查阅检索、实地探查等方式,查阅相关信息,提前做好时间计划表,注意招标时约定的行程是否有调整,特别要确保活动流程中不能安排购物活动以及自费项目。

(三)熟悉研学旅行活动工作人员

学校研学旅游指导师团队需要事先熟悉参与研学旅行活动的工作人员,包括校内老师、承办方工作人员、研学旅行课程实施者、研学旅行实践基(营)地讲解员等,有些活动也会有家长志愿者参与。这几类人员中,承办方工作人员负责策划活动的整体内容,但各项活动的组织实施方案需要经过校方负责老师确认;研学旅行课程实施者负责专题课程内容的活动指导和讲授。学校研学旅游指导师团队要通过建立沟通联系渠道提前熟悉这几类人员,明确工作职责,以方便在研学旅行活动过程中对其进行检查和督导。

四、掌握研学旅行课程方案和学生手册

学校研学旅游指导师团队需要熟悉研学旅行课程方案和学生手册,具体包括以下内容。

(一)查找课程方案相关资料

熟悉研学旅行活动方案后,学校研学旅游指导师团队要提前查找课程方案相关资料,特别是自己不太熟悉的研学旅行目的地和课程内容等相关资料,并提炼和总结出授课内容,用于行前课的实施。

(二)落实课程方案相关内容

学校研学旅游指导师团队需要提前准备和逐一落实研学旅行课程方案中涉及的各类学科知识、教学方法、教具等。

(三)模拟学生手册相关活动

学校研学旅游指导师团队通过模拟研学旅行学生手册中的相关课程活动,可以明确每个研学旅行专题课程的实施步骤、方法和关键点。

(四)细化学生手册相关环节

模拟研学旅行学生手册相关活动后,学校研学旅游指导师团队需对模糊的地方进行细化。通过搜集每个研学旅行专题课程活动的知识要点,确认重点怎样突出,难点怎么突破,设计的活动怎样安排才最有效等。

五、沟通研学旅行活动事项

研学旅行活动事项的沟通包括学校研学旅游指导师团队内部沟通,以及学校与承办方、研学实践基(营)地、家长、学生等不同参与主体的沟通。

（一）学校研学旅游指导师团队内部沟通

学校研学旅游指导师团队通过内部沟通，明确团队内部分工，确定与承办方、接待方的协作分工模式。

（二）与承办方沟通

确定研学旅行活动承办方后，双方应在出发前召开联席会议，建立团队工作机制。一是明确计划，以半小时作为细化单位。二是明确组织职责。最好以书面表格的形式明确，并且覆盖各项活动的组织衔接工作。三是明确活动关键点。确保双方务必集中精力保证在活动关键点上的高质量执行。四是明确意外情况处理机制。包括出现意外情况时，具体岗位处理哪些问题，无法处理的时候如何启动升级处理机制及各方联动机制等。

（三）与研学实践基（营）地方沟通

若学校自行开展研学旅行活动，则需要在行前通过线上或线下联席会议与研学实践教育基（营）地进行沟通。

（四）与家长沟通

学校组织开展研学旅行，要提前通过家长委员会、致家长的一封信或者召开家长说明会等形式告知家长本次活动的意义、时间安排、出行线路、费用收支、注意事项等信息。与家长的沟通还包括提醒家长和学生要了解学校研学旅行课程方案，通过提前做研学攻略，做好课程实施的知识储备，在行前准备好行李物品等内容。与家长沟通的目的是得到家长的充分理解和认可，并可以通过建立家校合作机制尝试吸纳有能力的家长参与研学旅行课程的开发与实施，让家长承担不同的角色，发挥不同的作用。

（五）与学生沟通

学校组织开展研学旅行，要提前举行学生动员会。让学生理解研学旅行相关政策及研学旅行的价值和意义，了解本次研学旅行的目的、意义、行程和活动安排等，提前开展关于研学内容的准备工作。强调安全注意事项，动员学生遵守纪律，听从安排，认真学习，不要违反规则等。

六、组织实施行前课程

实施行前课程的目的是让学生了解研学旅行活动相关知识，做好身体和心理上的准备。研学旅行行前课程内容可分为三类。

第一类是研学旅行课程内容和课题研究专题。例如，讲解研学旅行课程相关内容，让学生了解课程实施时应该学习和观察的重点与关键内容，从而提高课程实施的

研学旅行操作实务

效率,取得更好的研学旅行效果。又如,讲解研学旅行研究方法,包括如何确定好研究课题、制定研究方案、进行问题论证、撰写研究报告等内容。

第二类是文明旅行和行为规范专题。针对不同场所的文明旅行行为规范,结合具体的案例组织专题讲座。例如,乘坐各类交通工具的文明行为规范和相关法律规定、景区入口排队入场的秩序规范、分组参观游览时的注意事项、博物馆和纪念馆等室内场馆中参观的行为规范、就餐时的行为规范、住宿的行为规范、人际交往的行为规范等,还包括少数民族地区与民族风俗相关注意事项等。

第三类是安全专题。包括出行的交通安全知识、饮食安全知识、住宿安全知识、户外活动安全知识、自然灾害及突发事件的紧急应对措施、个人财物安全知识等,以及人际交往与沟通方面的安全知识。例如,与当地人员沟通与交流的技巧、民族风俗习惯等注意事项。

行前课程可以由研学旅行活动承办方和学校以举办专题讲座的形式合作组织实施。一般情况下,研学旅行课程内容和课题研究专题课程主要由学校研学旅游指导师完成,文明旅行和行为规范专题和安全专题课程由承办方研学旅游指导师完成。不同学校研学旅行行前课程的组织实施人员根据实际情况确定。

微课
行前准备内容

【推荐阅读】

《关于推进中小学生研学旅行的意见》(教基一〔2016〕8号)

资源链接

【工作任务单六】

假如你是B中学研学旅行工作领导小组负责行前准备工作的老师,请自行组建工作小组,将行前准备内容及注意事项用思维导图的形式列举出来。

任务二　行中监督

任务导入

为保证传统文化类主题研学旅行活动的质量，B中学研学旅行工作领导小组决定制定一份详细的研学旅行行中监督方案。行中监督对象是谁？应该监督哪些方面？

任务解析

在研学旅行开展过程中，中小学校作为主办方，必须对研学旅行实施过程进行全方位的把握，加强监督与管理。本任务围绕此核心问题，首先阐明监督的定义，其次着重介绍行中的监督对象及内容，旨在帮助学习者从整体上了解研学旅行行中监督要求。

任务重点

了解监督的定义、监督对象及内容。

任务难点

掌握监督对象及内容。

任务实施

一、监督

监督是指对现场某一特定环节、过程进行监视、督促和管理，使其结果能达到预定的目标。研学旅行的行中监督是指学校在研学旅行活动开展中对交通、住宿、餐饮、研学旅行课程实施等各环节和过程进行监视、督促和管理，以保证研学旅行活动的高质量开展。

二、监督对象及内容

监督对象是指被监管的或者被管辖的对象，监督机构对其行为、活动或者管理情况开展监督。学校在研学旅行中的监督对象主要涉及本校研学旅游指导师团队、学生、承办方和供应方等各参与主体。

研学旅行操作实务

（一）监督学校研学旅游指导师团队

在研学旅行中,学校研学旅游指导师团队要在小组合作探究、实地体验、调查研究和综合实践四个方面帮助学生。教师需要引导学生在研学旅行中合理利用时间与空间,提升学生的自主体验和自主学习能力。从提出问题、研究问题到解决问题,学生应是各个环节的主体。

（二）监督学生

首先,要了解学生对本次研学旅行活动的兴趣程度、理解能力,以及不同能力的学生年龄、个性特点、所占的比率等。这样才能使不同能力的学生在研学旅行活动中都学得进、学得好、学得有兴趣。若有学生在研学旅行活动的开展中纪律松懈,要学会用鼓励性的语言强调纪律。若有学生出现接话茬、喧闹、破坏环境等违纪现象,学校研学旅游指导师应立即采取措施予以纠正。在方法上应考虑学生的情感和自尊心,采用旁敲侧击的方式使对方知道他的行为已引起了学校研学旅游指导师的关注,需要立即改正。若在一些非学校研学旅游指导师进行主讲的研学旅行课程中出现了纪律问题,学校研学旅游指导师可以用态势语、面部表情等传达信息。手势具有状物、言志、召唤、传情的作用,可以成为辅助纪律管理的非语言的外部表现形式,这种办法既巧妙地解决了学生自己的问题,又不至于影响其他人的注意力。学校研学旅游指导师的面目表情也有一定的潜在控制作用,表示理解的微笑和思考式的点头,可表达对学生的鼓励和期待;表示满意的微笑和赞许式的点头,可表达对学生的夸赞与喜爱。甚至,学校研学旅游指导师的站姿、与学生的空间距离和行间巡视等体态活动,也具有吸引学生注意力、维持活动纪律的作用。

其次,关注特殊学生。特殊学生一般指的是在品德、学习态度、习惯、心理等方面存在较严重问题,且用常规教育手段不能解决其问题的学生。对于这类学生,学校研学旅游指导师要根据其以往在学校的表现,建立特殊学生档案,明确其特殊点在哪里,加强学校与学生家长及其他监护人的联系,共同形成以学生为中心的关爱网络。可以从"三个优先"入手。

一是研学旅行课程上优先辅导。从学习方面对特殊学生逐一进行分类、分组,落实到每一位学校研学旅游指导师。由学校指导师具体分析学生的学业情况,制订学习帮扶计划,明确帮扶时间、内容和阶段性效果。每个特殊学生由学校研学旅游指导师牵头,确立一名学习帮手,定期检查结对帮扶效果,建立进步档案。

二是生活上优先照顾。对特殊学生要多看一眼、多问一声、多帮一把,使学生开心、家长放心。特殊学生患病时,要及时诊治,悉心照料。

三是活动上优先安排。要高度重视并认真组织特殊学生参加研学旅行活动,或根据特殊学生的特点单独开展一些活动,既使其身心愉悦,又培养其独立生活能力。不要忽略特殊学生身上的优点,给他们提供在其他同学、老师面前为同学或者学校服务的机会。

四是关注贫困学生。教育部等11部委印发的《关于推进中小学生研学旅行的意见》中明确指出:研学旅行坚持公益性原则,不得开展以营利为目的的经营性创收,对贫困家庭学生要减免费用。全国各地采取了多种形式、多种渠道筹措研学旅行经费,探索建立政府、学校、社会、家庭共同承担的多元化经费筹措机制,保障研学旅行可持续、常态化发展。学校研学旅游指导师除了要在费用上关注贫困生,还要注意通过心理辅导工作的开展,让学生增强心理健康意识,加强其自我心理调节能力,消除自卑心理,增强自信,重新认识自我,逐步充实贫困学生的精神世界,让其树立正确的人生观和价值观,健康快乐地成长。

(三)监督研学旅行活动承办方和供应方

针对承办方和供应方的监督,目的在于落实交通、食宿、医疗等服务单位具备相应的资质条件,以及保障研学旅行活动方案的执行等。

一是监督承办方研学旅行服务团队。承办方在确定研学旅行服务团队后,将成员资质证明提交学校审核,包括组长(总控)、旅行社研学旅游指导师、基(营)地研学旅游指导师、安全员、随队医生等,所有团队成员必须符合国家关于研学旅行从业人员要求的相关标准,符合招标公告和双方合作协议。根据团队成员的相关约定,对于符合要求的从业人员,学校应要求替换。在研学旅行活动过程中,还要监督旅行社研学旅游指导师严格按招标协议进行行程安排,监督基(营)地研学旅游指导师严格按照课程方案进行研学旅行学习指导。

二是监督交通车辆。在招标协议中,旅行社应标注研学旅行活动使用的车辆类型。行车前,检查车辆的运营资质、车辆座位数是否符合需求、车况是否良好,以及消防锤、灭火器、车载电视等附属设施设备是否齐全等。行车过程中,监督车辆按照正确路线行驶,避免部分司机为节约高速公路费而绕道,或为了节约停车费将车辆停在较远的地方。监督车辆驾驶人员正常餐饮,不得饮酒。

(四)监督接待方

到达研学实践教育基(营)地后,学校研学旅游指导师应检查基(营)地是否具有相应资质,研学旅行课程内容是否符合研学旅行活动方案,研学旅游指导师实施课程质量是否达标等。

微课

行中监督内容

【推荐阅读】

《关于推进中小学生研学旅行的意见》(教基一〔2016〕8号)

资源链接

【工作任务单七】

请用思维导图的方式列出研学旅行行中监督对象及内容。

任务三 凝练成果

🔵 任务导入

校外研学旅行活动结束并不意味着整个研学旅行结束,还要有相应的研学旅行成果展示,这是检验学生研学旅行效果的有益方式。因此,A市B中学研学旅行工作领导小组在与承办方共同制定研学旅行活动方案时对研学旅行成果凝练进行了着重强调。研学旅行成果有哪些类型?如何凝练、展示和评价?

🔵 任务解析

研学旅行活动结束后,学校一般会组织研学旅行成果展示与交流活动。但是,研学旅行的成果是什么?该如何凝练、展示呢?本任务围绕此核心问题,先介绍什么是成果,成果的类型有哪些;然后阐述如何凝练成果,如何组织成果展示与交流,旨在帮助学习者整体把握研学旅行成果的相关知识。

🔵 任务重点

了解成果的定义、成果的类型、凝练成果的含义、成果展示与交流的形式。

🔵 任务难点

掌握凝练成果的含义、成果展示与交流的形式。

🔵 任务实施

一、成果的含义

成果是指工作或事业的收获。在研学旅行中的成果主要指在研学旅行过程中,学生通过实地考察、实践体验、交流研讨等方式,所获得的知识、技能、情感态度和价值观等方面的收获和成果。这些成果可以是具体的、可量化的,也可以是感性的、难以量化的,它们体现了学生的研学旅行价值,能够对学生的综合素质提升和未来发展产生积极的影响。

二、成果的类型

研学旅行成果按照呈现形式可以划分为四种类型。第一种是文本类成果,如研学旅行手册、研究性学习报告、调查报告、观察日志、散文游记、观后感、作文、诗歌以及完成的项目作业等。第二种是多媒体类成果,如图像数据、影像信息、可穿戴设备和第三方设备收集的信息等。第三种是制作类成果,主要是指通过研究性学习,学生自行制作出的实物,包括手工活动工艺品、绘画、模型以及采集的标本等,也包括采购及收集的有代表性的纪念品等。第四种是互动交流类成果,如主题演讲比赛、讨论会、节目汇演等。

三、成果的凝练

凝练成果是指在研学旅游指导师的指导下,对学生在研学旅行过程中所获得的知识、技能、情感、态度和价值观等方面的收获进行系统梳理、总结和提炼,形成不同类型的研学旅行成果。这一过程旨在将学生在研学旅行中的零散体验整合为有意义的学习成果,促进学生综合素质的提升和全面发展。通过凝练成果,学生能更好地回顾和总结研学旅行的经历,深化对所学知识和技能的理解和应用,同时也有助于培养学生的归纳整理能力、创新思维能力和团队协作精神。此外,凝练成果还可以为学校和教师提供有益的反馈和改进建议,从而进一步优化研学旅行课程的设计和实施。

学校在组织研学旅行时,以启发、引导为主。学校研学旅游指导师对学生研学旅行成果凝练的指导贯穿研学旅行前、研学旅行中和研学旅行后。在研学旅行出行前,指导学生做好准备工作,如阅读相关书籍、查阅相关资料、制订学习计划等;在研学旅行过程中,组织学生参与活动项目,指导学生凝练不同类型的研学旅行成果,如撰写研学旅行手册、研学日记或调查报告,制作手工活动工艺品,拍摄小短剧等;研学旅行活动结束后,指导学生将研学旅行过程中的收获进行系统梳理、总结和提炼。

譬如,2019年,由中国侨联主办,山西省侨联组织,太原市侨联、太原旅游职业学院承办的"中国寻根之旅"海外华裔青少年研学旅行活动中,参与研学旅行活动的学生在研学旅游指导师的指导下凝练了多种类型的成果。比如,文本类成果有研学旅行日记,多媒体类成果有研学Vlog,制作类成果有斗拱模型、书画作品、泥塑、团扇、杯垫、彩绘脸谱等(见图3-1)。

图 3-1 学生凝练制作类成果——彩绘脸谱

四、成果展示与交流

研学旅行活动结束并不意味着研学旅行课程结束,行后的回顾与复习对于学生来说也是必要的。学校可以通过举办总结会、报告会、摄影展、征文等后续活动进行成果展示与交流,不仅可以促进学生之间相互学习,也可以作为对学生进行鼓励和表扬的契机,可以帮助学生建立客观、积极的自我认识,发展沟通、表达、认知等多方面能力。成果展示与交流有以下几种方式。

(一)面对面展示与交流

面对面展示与交流指评价者和学生在同一时间、同一地点,由学生通过语言、行为、实物、多媒体等多种形式对学习的成果、收获和感受等进行说明。按照展示与交流的主体可以分为个人展示和团队展示。按照团队在集体中的位置又可以分为以小组为单位在班级交流、以班级为单位在年级交流、以年级为单位在学校交流等。

作为评价活动的展示与交流活动不能是完全开放式的,应该满足评价活动收集信息的需要。因此,在展示活动开始之前,学校研学旅游指导师就应该对学生明确解释展示活动需重点展示的方面,以及这些方面的不同表现对应的评价等级(或分值)。学生可以在评价标准的要求之下进行半开放式的展示,展示内容可以多于评价标准的要求内容,但是不能缺项,否则将影响评价结果。

作为鼓励与表扬的展示与交流活动,展示主体之间的竞争性很小,学生只需要把自己优秀的方面展示出来即可。在这种展示活动中,学校研学旅游指导师准备的评价框架和细则应该是多元化的,可以从不同的知识或能力方面发现学生的长处或进步。例如,教师可以同时关注学生的语言表达、思维深度、思维广度、信息收集、信息处理、图示化表现、形体表达、艺术表现、创造性解决问题、合作、组织、执行等多方面能力。学校研学旅游指导师可选择学生表现优秀的方面,进行细节化的全面反馈。

（二）书面展示与交流

书面展示与交流专注于训练学生的书面表达能力，可以作为研学旅行课程的重要学习环节，也可以作为学生学习评价的重要对象。一般来说，研学旅行的书面展示与交流可以分为学习过程中产生的文字材料和学习结束后完成的反思性、总结性研究报告和文章等。

学习过程中产生的文字材料一般来说具有比较一致的内容和表达要素，可以采用表现性评价中的作品分析工具进行分析。学校研学旅游指导师需要根据学习内容制定具体的评价框架和评分细则，对学生在学习过程中产生的书面材料进行分析，可以发现学生知识和能力的发展水平；对不同学习阶段学生的书面材料进行分析，还可以发现学生知识和能力的发展变化路径；对全体学生的书面材料进行分析，可以揭示学生在研学旅行课程学习中的发展规律，对活动改进和学习指导都有积极意义。

学生学习结束后产生的研究报告和文章具有内容分散的特点，可以采用内容分析法进行分析。通过对学生文章中涉及的核心内容进行提取、编码和归类，发现学生的主要收获和核心问题。分析结果可以作为课程实施效果的检验或课程改进的依据。

（三）多媒体展示与交流

随着互联网和大数据技术的发展，多媒体展示越来越方便，可以通过学校建立的门户网站或学校社交媒体公众号宣传学生的研学旅行成果。多媒体数据可以包括以下方面：第一，声音数据。包括师生对话、生生对话、关键陈述、作为成果的声音信息等。第二，图像数据。包括第三方拍摄的学生研学旅行过程照片、学生自己拍摄的过程照片、作为教学资源的图像数据、作为成果的图像等。第三，影像信息。包括研学旅行课程实施影像、研学旅行资源影像、作为成果的影像等。第四，可穿戴设备和第三方设备收集的信息。例如，运动手环收集的学生运动信息、身体信息等；智能终端收集的录入信息，包括内容、时间、修订等。

微课
▼
认知凝练成果

【工作任务单八】

列举不同类型的研学旅行成果作品。

研学旅行操作实务

任务四　实 施 评 价

🔵 任务导入

在A市B中学研学旅行工作领导小组召开的研学旅行活动推进会上,王校长提出为激发学生参与研学活动的积极性,学校决定在研学旅行活动结束后召开年级表彰大会,届时将在校园LED大屏上滚动播放学生们的优秀研学旅行成果,并将此项工作的推进任务交给了研学旅游指导师团队组长赵老师。面对这项任务,赵老师应该从哪里着手?

🔵 任务解析

研学旅行行后阶段主要对研学旅行进行回顾、梳理和反思,这种深度学习能够使研学旅行的价值得到提升,将课内外两个课堂贯通,其中一个主要工作便是开展研学旅行评价。本任务围绕此核心问题,首先介绍评价的定义,其次说明了评价的对象和评价原则,最后着重介绍评价的方法、评价的过程和评价方案,旨在帮助学习者全面掌握研学旅行行后评价的知识。

🔵 任务重点

了解评价的定义、对象和原则。

🔵 任务难点

了解评价的方法、过程和方案。

🔵 任务实施

一、研学旅行评价

《关于推进中小学生研学旅行的意见》要求,各地要建立健全中小学生参加研学旅行的评价机制,把中小学组织学生参加研学旅行的情况和成效作为学校综合考评体系的重要内容。

研学旅行评价是学校系统地运用一系列科学评价方法对研学旅行活动的效果和影响进行的系统、全面的评估和判断。研学旅行评价应该从两方面切入。一是学生学习成果评价,即研学旅行课程是否达到教学目标。只有真正让学生学到东西的课程才具有教育意义,这也是研学旅行评价首先要考量的维度。二是研学旅行课程开展效果评价,即课程内容执行程度,包括课程开展是否顺利、是否贴合主题、是否受到学生和家长的好评等。研学旅行评价的目的在于获得反馈信息,据此做出提高研学旅行活动质量的决策。

二、评价对象

(一)学生

学校对学生开展评价主要是对学生在研学旅行课程中学习情况的评价。研学旅行评价应该着眼于促进学生核心素养的发展,贯彻我国促进德、智、体、美、劳全面发展的教育方针。研学旅行评价的内容通常包括学生在研学旅行中的参与度、合作能力、实践操作能力、创新思维能力、情感态度和价值观等方面。

(二)研学旅行课程

学校对研学旅行课程开展评价主要是对研学旅行课程的设计、实施及其效果进行全面、系统评估的过程,旨在了解课程是否达到预期目标,学生在课程中的收获,以及课程需要改进之处。

三、评价原则

研学旅行评价的原则是指导评价工作的基本准则,有助于确保评价过程的科学性、客观性和公正性。以下是一些常见的研学旅行评价原则。

(一)教育性原则

研学旅行评价应紧扣教育目标,关注学生的全面发展,不仅注重知识的传授,还要强调能力、情感态度与价值观的培养,引导学生通过研学旅行深化对自然、社会、文化的认识,培养学生的创新精神和实践能力。

(二)全面性原则

研学旅行是一门在行走中学习、以体验和研究为主要形式的主题式综合实践活动课程,对其的评价必须全面,应涵盖研学旅行的各个方面,包括学生的学习成果、情感体验、技能提升等,不仅要评价研学旅行的成果,还要评价研学旅行的过程。

(三)多元性原则

首先,研学旅行评价要坚持主体多元化。评价主体可以包括学生、同学、老师和家长等参与研学旅行活动的相关人员。其次,研学旅行评价要坚持内容多元化。研学旅行的评价内容既要有研究性学习各个阶段的内容(研究选题、研究过程、研究报告等),以知识整合的教学方式指导和帮助学生增长见识和丰富知识;同时,通过"将观念建立在直接的旅途之中",评价学生在整个研学旅行过程中的言行举止、集体观念等,即明确地将"情感、态度、价值观"作为评价内容的重要一环,如在整个研学旅行课程中的参与度,在研学旅行过程中表现出的协作精神、团队精神、服务意识、遵纪守法意识和文明程度等。最后,研学旅行评价方法也要坚持多样化。

(四)实践性原则

研学旅行强调学生把学到的基础知识、掌握的基本技能应用到实践中去,学生在实践中获取大量的感性知识和情感体验的同时,同步培养他们观察、思维、表达和操作的能力。因此,研学旅行评价应注重和突出实践性。

(五)激励性原则

研学旅行评价的价值取向是强调每个学生都有充分学习的潜能,都具有创新精神和创造能力。研学旅行应激励学生全员参与,为每个学生在实践中进行不同层次的体验和研究提供条件,激励学生全员参与。因此,研学旅行评价必须以激励为主,以学生发展为本,注重学生的个体差异,用发展的眼光评价研学旅行活动的成果,注意从纵向角度评价他们的发展和提高,肯定他们的成绩和优点,而不能演化成一次性的学业评价,特别是分数评价。

四、评价方法

(一)依据评价主体进行划分

1. 自我评价法

学生可以根据教师提供的评价表对自己在研学旅行活动中的表现和收获进行自我评价,给自己划定等级;也可以给自己写描述性的评语,或者以日记、感悟等形式记录个人感受、体验等。教师通过学生们的自我评价,可以了解学生在活动中的状态、表现和收获,在有意识的自我反思中看到自己的收获。

2. 同学互评法

同学互评法有两种情况:一种是一个小组内的成员相互之间一对一地或者多对一地进行评价;另一种是对小组进行评价,可以是本组成员对组内整体的活动情况或者个别同学的表现进行评价,也可以是对其他小组和小组成员进行评价。同学互评法要注意发挥评价的促进发展功能。首先,要让学生注意在活动过程中自我反省,注意个人活动情况记录,学会纠正自己的不足。其次,要对学生进行思想认识上的引导,让学生在评价活动中学会接纳自我,也学会欣赏别人,对他人的评价要客观、具体,既善于发现他人的优点,又能坦诚地提出改进建议,真正地学会帮助他人取得进步。最后,同学互评时要处理好小组与个人的关系,要通过小组成果的总结和评价,进一步树立、培养学生的团队合作精神。

3. 研学旅游指导师评价法

此处指实施研学旅行课程的指导师。指导师是评价主体多元化的理念下相对权威的评价主体之一,但这时研学旅游指导师的评价观念需要转变,并注意以下几个方面:要看到学生评价的重要价值,将学生纳入评价者的行列,引导学生明确学习方向,促进学生之间的交流和理解,分享成功的经验和失败的教训;重视过程,在活动中对活动过程进行评价,兼顾活动结果评价;尊重学生多元的个性化表现,要允许学生根据个人的兴趣、特点选择自己喜欢和擅长的活动方式及表达方式;尊重评价对象,与学生建立平等对话与协商的关系,与学生协商、研讨活动评价方案,帮助学生形成自我评价、同学互评和小组评价的项目与指标;寻找更多的评价资源,把家长、社会机构和社会人士也纳入评价队伍,以获得更丰富的评价信息。

4. 家长评价法

家长和家庭背景是影响学生学习效果的重要因素。由于家长并不直接参与学生的研学旅行活动,因此家长在参与评价前,评价设计者需要首先向家长解释课程目的和评价的意义。家长评价可以采取调查问卷、访谈等方式,开放式地收集学生能力表现和背景信息,并与其他主体评价结果配合,分析学生受到的影响因素,用以指导学生改进。

5. 研学旅行活动其他参与人员评价法

一类是研学旅服务机构工作人员。服务机构的相关工作人员,譬如导游等,始终和学生相处在一起,随时为师生提供研学旅行中的旅游服务,时刻关注着学生在研学旅行活动中的表现和成长。因此,研学旅服务机构也是研学旅行活动的评价主体,也要参与到学生评价体系中来。

一类是研学旅行实践基(营)地工作人员。学生进入研学旅行实践基(营)地时需要与基(营)地工作人员进行交流、交往,才能在研学旅行过程中提升实践能力。这方面的评价可以从与学生接触过的研学旅行实践基(营)地工作人员那里获得信息。教师可以在开展活动之前就把有关评价任务向相关人员说明,请他们填写评价表格,在活动结束后收回;也可以在事后通过回访,在与有关参与人员的交流中了解学生在活动中的整体表现。

(二)依据评价结果呈现形式进行划分

1. 量化评价

量化评价是一种把复杂的教育现象和课程现象简化为数量,通过对数量的分析与比较获得评价结果的评价方法。量化评价通常以分数呈现评价结果,评价设定最高上限分值,参与评价者根据不同指标勾选选项。

2. 质性评价

质性评价是指通过自然调查,充分揭示和描述评价对象的各种特质的评价方法。

它适用于复杂的教育现象的评价,通常以等级呈现评价结果,一般针对参与研学旅行的学生设置优秀、良好、待改进等级别。

(三)依据评价时序进行划分

1. 过程性评价

过程性评价是指在研学旅行过程中伴随着课程开展,依据学生的行为表现进行的评价。通过不同过程的持续评价实现对课程目标的全覆盖,可以关注到学生在研学旅行过程中的发展变化,从而及时反馈激励或修正问题,让后续课程的实施更具针对性,提高学生的学习效果,具有很强的客观性、真实性和发展性。

2. 表现性评价

表现性评价通常要求学生在某种特定的真实或模拟情境中运用先前所获得的知识完成某项任务或解决某个问题,以考查学生知识与技能的掌握程度,或者问题解决、交流合作和批判性思考等多种复杂能力的发展状况,能较准确地评价学生在真实情景中的问题解决能力及相关素质,非常适合研学旅行的学习评价。表现性评价针对的是客观考查以外的行动、表演、展示、操作和写作等更真实的表现,如学生的口头表达能力、文字表达能力、思维能力、创造能力和实践能力等。

3. 档案袋评价

档案袋评价是指通过对研学旅行档案袋的形成过程和最终结果进行分析,对学生发展状况做出价值判断。按照操作主体划分,档案袋可以分为文件型档案袋和展示型档案袋。文件型档案袋记载的是学生在一段时间内的学习情况,采用的方式是教师观察、逸事记录、访谈等,材料一般由教师选择并放进记录袋。教师和家长是文件型记录袋的主要使用者,用以相互了解学生成长的全面信息,帮助学生设定今后的目标,制订教学及家庭支持计划。展示型档案袋又可以分为展示最高成果的成果展示档案袋、展示发展过程的变化展示档案袋、展示最终水平的结果展示档案袋等。以展示为目的的评价档案袋突出的特点是增加学生的自信心和积极性。当评价内容多元化、评价标准无法逐一确定时,可以选用展示型评价记录袋。展示型成长记录袋里的内容完全由学生自主选择,一般都是能反映学生自身水平和能力的作品。

五、评价过程

(一)评价前准备

1. 确定评价主体、评价对象、评价目的、评价指标及权重

应解决为什么评价、评价结果是给谁看的、评价什么内容的问题。这个环节是对评价体系的前期分析,评价主体应该基于实际情况,根据评价目的设计评价指标及指标权重。

2. 确定设计评价方案和工具

应该从学校和学生的实际情况出发,根据评价目的和评价内容选择合适的方法和工具,制定有效的评价方案。常用的评价工具包括自我记录、自我评价,他人记录、他人评价、评价量表、档案记录等。

(二)评价中执行

1. 搜集评价材料并作出分析

搜集和分析数据是评价的实施过程,目的在于分析和发现实施教学方案中的成绩、经验及存在的问题。评价者既要熟知教学和评估理论、项目背景知识,还要能够运用初步的数据获得所需的信息,结合项目目标和策略以及教学实施过程数据分析并作出相关判断。评价材料的搜集应注重全面、系统、真实、准确,可以通过观察法、调查法等方式获取评价材料。

2. 做出判断,报告结果

评价结果的报告应及时、全面,并提出改进建议。

(三)评价后调节反馈

评价后调节反馈是指应反思和改进评价方案。整个评价方案实施结束以后还需要对评价方案进行再评价,也称"元评价",即在评价的过程中,为检讨方案评价的实施过程与结果,借以总结成功的经验和纠正评价工作之不足,而对正在进行或已完成的评价进行价值判断。

元评价的关键是确定元评价的标准问题,即一份好的方案的标准是什么。

可以就下述问题作为准则考查评价方案:①有效。考查方案是为了解决什么问题?是否较合理地解决了问题?在多大程度上达到了目标?②可行。考查方案的要求是否超出了学校现有的条件和能力?评价的工具是否烦琐?是否给教师和学生带来很大的负担?③可信。考查评价的标准是否恰当?评价的工具信息是否正确?

通过对这三方面的考查,学生和教师可以找出评价方案的不足,改进评价的方式和工具,从而更好地完成下一步的评价工作。

六、评价方案

(一)对学生学习情况的评价

1. 确定评价主体

学校对学生的评价一般采用自我评价、小组评价和教师评价相结合的方式,因此评价主体应包含学生自己、小组其他同学和教师等。

2. 确定评价内容

评价内容可以从品行修养、探究能力、团队精神、安全意识和学习效果等五个方面展开。

3. 设计评价量表

评价的实施一般采用评价量表作为载体,评价量表的设计一般包括评价指标、评价内容、评价等级、评价主体等。

研学旅行学生学习情况评价量表见表3-1。

表3-1 研学旅行学生学习情况评价量表

评价指标	评价内容	量化评价				质性评价			
		赋分	自我评价	小组评价	指导师评价	其他参与者评价	等级	自我评价	小组评价	指导师评价	其他参与者评价
品行修养（20分）	遵守社会公德,尊重民族风俗,自觉落实学生行为规范	5分					优/良/待改进				
	举止文明,待人礼貌,遵守不同场合的纪律要求及行为准则,尊重带队教师及所有活动服务人员	5分					优/良/待改进				
	自我管理能力强,合理安排活动期间的学习和生活,做到无人监管下的自觉	5分					优/良/待改进				
	提高社会公德意识,培养法治观念,在旅行中引领社会风尚,传播先进文化	5分					优/良/待改进				
探究能力（20分）	主动参与研学旅行课程,在充分进行行前预习的基础上,依据兴趣提出问题,与同伴一起形成研究专题,设计项目研究方案	5分					优/良/待改进				

续表

评价指标	评价内容	量化评价					质性评价				
		赋分	自我评价	小组评价	指导师评价	其他参与者评价	等级	自我评价	小组评价	指导师评价	其他参与者评价
探究能力（20分）	以实践活动为切入点，主动建构知识体系，不断拓宽学习领域，积极开展延展性学习	5分					优/良/待改进				
	以活动为载体，以项目研究为驱动，运用校内所学知识开展实践探索，形成相应成果	5分					优/良/待改进				
	在研学旅行活动过程中积极思考，主动探究，不断审视、反思探索行为，对自己的项目研究做出客观评价	5分					优/良/待改进				
团队精神（20分）	团队意识强，能与同行人员密切配合，积极沟通，合作共赢	10分					优/良/待改进				
	时刻维护团队形象，以团队利益为重，遵守团队纪律	10分					优/良/待改进				
安全意识（20分）	自觉履行行车安全、学习安全、生活安全的相关要求，确保在活动期间无任何安全事故发生	10分					优/良/待改进				
	管理好自身财物，爱护公共设施，无丢失、损坏财物现象	5分					优/良/待改进				

续表

评价指标	评价内容	量化评价					质性评价				
		赋分	自我评价	小组评价	指导师评价	其他参与者评价	等级	自我评价	小组评价	指导师评价	其他参与者评价
安全意识（20分）	合理膳食，健康饮食，没有出现因私自购买食品发生意外的事件	5分					优/良/待改进				
学习效果（20分）	高质量完成研学任务，研学旅行手册书写认真、完整	5分					优/良/待改进				
	形成适应性研学旅行成果	5分					优/良/待改进				
	研学旅行活动成果展现方式新颖多样，能运用知识解决实际问题	5分					优/良/待改进				
	学习态度端正，积极参与各项学习活动，深入思考，主动实践，自觉服务，用自身行为的规范和改进检验研学旅行活动效果	5分					优/良/待改进				

注：评价结果中"量化评价"和"质性评价"任选其一填写即可；"研学旅游指导师"指负责实施研学旅行课程的指导师；"活动其他参与者"指承办方、研学旅行实践基（营）地的有关工作人员。

（二）对研学旅行课程的评价

1.确定评价主体

研学旅行课程的评价主体理论上应该是研学旅行评价监督方，即直接参与研学旅行活动的教师、学生以及各个环节的相关人员，也包括没有直接参加研学旅行的家长、教育及其他行政主管部门等。但实际上，能够真正发挥课程评价功能的是参与课程活动的学生、学校教师和研学旅行课程的实施者。学校教师在研学旅行中的角色是课程的设计者，也是课程的参与者，同时又是相对专业的"教育行家"。研学旅行课程实施者是研学旅行课程的设计者、参与者、组织者、执行者，他们的反馈能够直接反映出一次研学旅行课程在执行过程中存在的问题。

2. 确定评价内容

研学旅行课程评价的内容主要涉及课程方案、学生手册、课程服务、安全保障四部分。其中,课程方案涉及课程主题、课程目标、课程内容、课程实施、课程成果、课程评价六大要素;学生手册涉及研学资源、学习目标、研学任务、探究问题、研学感悟、学习评估六大要素;课程服务涉及研学旅游指导师服务、交通安排、餐饮安排、住宿安排四大要素;安全保障涉及安全教育和应急保障两大要素。

3. 设计评价量表

研学旅行课程评价表一般采用量化评价和质性评价相结合的方式,量化评价一般分为五个级别,质性评价则要留下相对充分的区域以供评价者填写。为了更清晰地呈现课程评价的内容,便于后期的数据统计和分析,通常将评价内容设计成表格的形式,表格的内容要符合学生的认知水平,简洁明了、易于理解、便于操作(见表3-2)。

表3-2 研学旅行课程评价量表

一级指标	二级指标	评价内容	量化评价				质性评价			
			赋分	学生评价	教师评价	指导师评价	等级	学生评价	教师评价	指导师评价
课程方案(30分)	课程主题	主题明确,与依托资源高度吻合	2分				优/良/待改进			
		设计理念先进,具有一定的教育理论支撑	3分				优/良/待改进			
	课程目标	课程目标明确,符合学龄段的特点,体现因材施教	2分				优/良/待改进			
		关注知识习得,关注后续技能和素质的发展,关注人的全面发展	3分				优/良/待改进			
	课程内容	内容选择重点突出,逻辑严谨,客观准确,与所选资源紧密结合	2分				优/良/待改进			

续表

一级指标	二级指标	评价内容	量化评价				质性评价			
			赋分	学生评价	教师评价	指导师评价	等级	学生评价	教师评价	指导师评价
课程方案（30分）	课程内容	合理补充外延性知识，体现前沿发展趋势，具有一定的思辨性	2分				优/良/待改进			
		理论联系实际，突出实践性特征，彰显社会主义核心价值观	2分				优/良/待改进			
	课程实施	师资配备合理，行前课、行中课、行后课符合学校需求并有落地可能性	2分				优/良/待改进			
		课程对象明确，学情分析到位，合理使用先进的方法和手段	2分				优/良/待改进			
		关注学生的个性特征，鼓励学生探究，建立良好的互动氛围	2分				优/良/待改进			
	课程成果	课程学习有明确的成果，并最终能形成研究性学习成果	2分				优/良/待改进			
		行后课应有一定的学习成果预设，引导学生开展创新性学习	2分				优/良/待改进			

续表

一级指标	二级指标	评价内容	量化评价				质性评价			
			赋分	学生评价	教师评价	指导师评价	等级	学生评价	教师评价	指导师评价
课程方案（30分）	课程评价	更新评价理念，强化素养导向，注重价值观、品格和关键能力评价，能够体现学游结合	2分				优/良/待改进			
		创新评价方法，倡导增值评价、协商性评价、表现性评价，探索使用信息化手段提高评价的效度	2分				优/良/待改进			
学生手册（25分）	研学资源	资源介绍能够聚焦课程主题，合理选取符合研学要求的资源	2分				优/良/待改进			
		研学资源呈现内容准确，排版精美、突出重点，有一定的内涵	2分				优/良/待改进			
	学习目标	围绕课程主题和课程目标设定学习目标，目标明确有效	2分				优/良/待改进			
		学习目标符合培养有理想、有本领、有担当的新时代中国青年的目标	2分				优/良/待改进			
	研学任务	符合学情、对应目标，符合课程资源点的属性、特点及客观条件	3分				优/良/待改进			

续表

一级指标	二级指标	评价内容	量化评价				质性评价			
			赋分	学生评价	教师评价	指导师评价	等级	学生评价	教师评价	指导师评价
学生手册（25分）	研学任务	研学任务设计具有一定的创新性、灵活性和丰富性	2分				优/良/待改进			
	探究问题	围绕研学任务设计探究性问题,问题的呈现形式灵活,富有启发性	2分				优/良/待改进			
		探究问题能够聚焦资源的核心内涵,符合学龄段的特点	2分				优/良/待改进			
	研学感悟	对应课程研究性学习过程,采取多样的形式引导学生开展素养习得感悟	2分				优/良/待改进			
		对应课程学习成果,采取多样的形式引导学生开展知识学习的延展探究	2分				优/良/待改进			
	学习评估	对应课程评价,建立评价指标和维度,多角度评价学生学习成果	2分				优/良/待改进			
		对应学习目标,注重对学生能力的培养和综合素养的评估	2分				优/良/待改进			

续表

一级指标	二级指标	评价内容	量化评价				质性评价			
			赋分	学生评价	教师评价	指导师评价	等级	学生评价	教师评价	指导师评价
课程服务（25分）	研学旅游指导师服务	形象仪表好、亲和力强	2分				优/良/待改进			
		知识丰富	2分				优/良/待改进			
		组织能力、沟通能力、表达能力强	3分				优/良/待改进			
		责任心强	2分				优/良/待改进			
		服务意识强	2分				优/良/待改进			
	交通安排	考虑学生的学龄段和年龄段特点，做到劳逸结合	2分				优/良/待改进			
		交通安排合理，充分考虑线路实际	2分				优/良/待改进			
	餐食安排	考虑学生的学龄段特点，餐食搭配合理	2分				优/良/待改进			
		餐食温度合适	2分				优/良/待改进			
		用餐环境良好	2分				优/良/待改进			
	住宿安排	住宿安排符合成本要求和安全要求	2分				优/良/待改进			
		住宿安排位置合理、干净整洁、设施齐全	2分				优/良/待改进			
安全保障（20分）	安全教育	内容全面	5分				优/良/待改进			
		重点突出	5分				优/良/待改进			

续表

一级指标	二级指标	评价内容	量化评价				质性评价			
			赋分	学生评价	教师评价	指导师评价	等级	学生评价	教师评价	指导师评价
安全保障（20分）	安全教育	方式灵活	5分				优/良/待改进			
	应急保障	及时有效	5分				优/良/待改进			

提出您的意见和建议：

微课 ▼ 研学旅行评价

资源链接 ▼

【推荐阅读】

1.《关于推进中小学生研学旅行的意见》（教基一〔2016〕8号）

2. 张舟《研学如何才能真"研"真"学"》，《成都日报》，2023年8月18日第5版

3. 张舟，张冬梅《研学游如何逐步走向研学优》，《新疆日报（汉）》，2023年6月20日第8版

【工作任务单九】

假如你是赵老师，请为即将参与此次传统文化主题研学旅行活动的学生设计一份评价量表。

项目小结

本项目着重阐述了中小学校开展研学旅行活动需要开展的工作,共包含四个任务。任务一介绍了研学旅行行前准备工作,包括组织工作准备、活动安全准备、熟悉研学旅行活动方案、掌握研学旅行课程方案和学生手册、沟通研学旅行活动事项、组织实施行前课程等内容。任务二介绍了行中监督内容,包括监督的定义、对象及内容等。任务三介绍了凝练成果,包括成果的定义、类型,如何凝练成果和组织成果展示与交流等。任务四介绍了实施评价,包括评价的定义、对象、原则、方法和方案等。

思考练习

(1) 阅读文献,思考现阶段开展的研学旅行活动中存在哪些问题?

(2) 阅读文献,协助中小学校思考如何保证研学旅行行中活动的高质量开展。

项目四
采购供应商

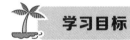

知识目标

1. 了解考察研学旅行供应商的要求
2. 熟悉服务采购合同的内容

技能目标

1. 掌握供应商采购流程
2. 能够起草框架协议

思政目标

1. 培养认真负责、踏实敬业的工作态度
2. 树立法治意识,遵守法律规范

知识框架

学习情境	工作任务	工作任务单
研学旅行的顺利开展需要酒店、景区、交通等相关供应商的服务响应。承办方选择供应商的要求有哪些？采购步骤有哪些？	选择供应商	用思维导图整理旅行社在选择服务供应商时的注意事项
经过考察后，旅行社计划采购某旅游车队作为长期的供应商合作伙伴，旅行社和旅游车队需要签订框架协议（大多为年度合同）以确定长期的合作关系。签订框架协议的主要内容有哪些？	起草框架协议	请阐述旅行社与服务供应商签订框架协议的主要条款

 # 任务一　选择供应商

任务导入

研学旅行的顺利开展需要酒店、景区、交通等相关供应商的服务响应。承办方选择供应商的要求有哪些？采购步骤有哪些？

任务解析

本任务围绕研学旅行的承办方如何选择供应商展开学习，学习研学旅行供应商的基本条件、采购步骤、管理要求和维护方式等，让学习者掌握如何和供应商合作。

任务重点

了解研学旅行供应商的采购步骤。

任务难点

了解研学旅行供应商的管理要求。

任务实施

一、研学旅行供应商定义

研学旅行供应商是指与研学旅行承办方签订合作合同，受委托向研学旅行参与者提供研学旅行具体服务的企业或履行辅助人，包括但不限于研学实践教育基（营）地、旅游景区(点)、酒店、餐厅、铁路、汽车公司、船运公司、航空公司等相关接待单位或个人。

二、供应商的选择标准

选择供应商是做好供应链管理的前提。在供应链管理模式下,供应商的选择不是仅仅以价格最低为标准,也不是仅仅把质量最高的供应商当作首选,而应该综合考虑供应商各个方面的表现,根据实际情况,区分不同类型的供应商并制定相应的选择标准。

选择供应商的标准主要集中在质量、价格、交货和服务四个方面,而在大多数企业的实践中,供应商选择的考核因素还包括供应商的产品开发能力与社会声誉、供应商的外部环境以及其他方面的因素。旅行社选择供应商时,要建立相应的选择标准,根据这些标准再制定具体考评指标,最后综合考虑选出合适的供应商。

这里需要说明的是,每个旅行社的具体情况不同,因此在制定供应商选择标准时,每个旅行社的标准都应有所不同。

三、供应商的基本条件

(1)具有合法经营资格和资质,如企业营业执照、税务登记证、组织机构代码证等。
(2)具备提供研学旅行服务的能力,包括研学旅行线路、住宿、交通、餐饮、活动策划等全方位的服务。
(3)有良好的服务质量和口碑,能够提供优质、安全、高效的研学旅行服务,确保学生的安全和健康。
(4)有合理的价格,符合采购预算和成本要求。
(5)有良好的沟通和协调能力,能够及时响应采购方的需求,提供及时、高效的服务。
(6)符合相关法律法规和政策规定的要求。

在选择研学旅行供应商时,采购方应该综合考虑供应商的资质、服务、价格、响应速度等多个方面,进行全面评估和比较,确保选择的供应商符合基本条件和采购需求。

研学旅行供应商的考察

四、供应商的采购步骤

(一)明确需求

明确供应商需要具备的资质、能力、经验、业绩等条件,以确保能够提供符合要求的服务和产品。

(二)建立评价体系

根据需求,建立供应商评价体系,包括但不限于价格、质量、服务、交付、技术、安全等方面的指标。

（三）收集信息

通过多种渠道收集潜在供应商的信息，包括公开信息、市场宣传、专业展会、行业协会等。

（四）初步筛选

根据评价体系，对收集到的信息进行初步筛选，确定符合条件的潜在供应商名单。

（五）实地考察和评估

对初选出的供应商进行实地考察和评估，包括对人员素质、企业规模、设施设备、生产能力、技术水平、管理水平等方面的考察和了解。

（六）招标和竞选

对于大型项目或重要的资源供应，可以采用招标或竞选的方式选择供应商。这种方式可以为学校、企业提供公平公正的平台，同时也能够确保供应商的资质和实力。

（七）合同签订和执行

在选定供应商后，与供应商签订合同，明确双方的权利和义务，并监督供应商按照合同要求履行义务。

微课

研学旅行供应商采购流程

五、审核供应商的相关资料

承办方应对服务供应商从信息的完整性、规范性、有效性、合理性等方面进行审核。

（1）要求合作的供应商提供经营许可证、营业执照副本复印件、本年度保险合同等资料。

（2）选择经营高空、高速、水上、潜水、探险等高风险项目的供应商，应要求其提供按照国家有关规定取得的经营许可证明。

（3）要求合作的服务供应商应符合相关行业规范要求，例如：

① 餐厅符合卫生标准，应具备服务人员健康证、营业执照等证照，要求证照齐全，且已通过环保、消防等部门检查。

② 住宿酒店应有合法的营业手续、必要的设施设备和安全保卫措施，以保障研学旅行参与者的人身财产安全。

③ 车辆应当选择客运经营资质的汽车公司车辆，保证客运手续、保险手续齐全。国内旅游车辆应符合《旅游客车设施与服务规范》(GB/T 26359—2010)的要求，同时遵守《中华人民共和国旅游法》的规定，在车辆显著位置明示道路旅游客运专用标识，在车厢内显著位置公示经营者和驾驶人信息、道路运输管理机构监督电话、安全提示等事项。

六、考量供应商的服务指标

采购方在选择研学旅行供应商时，除了基本条件外，还需要考虑以下几个服务指标。

（一）服务质量

供应商的服务质量是非常重要的考量因素，包括服务态度、专业水平、服务流程的规范性和合理性等。

（二）安全管理

研学旅行中，学生的安全是最重要的。供应商需要有完善的安全管理制度和措施，包括交通、饮食、住宿等方面的安全保障。

（三）教育资源

供应商是否具备丰富的教育资源和教育经验，能否提供有深度和启发性的研学内容，也是重要的考量因素。

（四）价格与成本

供应商的服务价格需要符合市场规律，同时要考虑成本效益。在保证服务质量的前提下，供应商能否提供合理的价格也是重要的考量因素。

（五）客户口碑

供应商的客户口碑和评价也是重要的考量因素之一，可以通过查看供应商的客户评价，了解其服务质量和服务水平。

（六）创新能力

供应商是否具备创新能力和服务意识，能否根据市场需求和客户反馈不断改进服务，也是重要的考量因素。

综上所述，采购方在选择研学旅行供应商时，需要综合考虑多个方面，进行全面评估和比较，确保选择的供应商符合基本条件和服务需求。

七、供应商的关系管理

采购方应根据不同的目标选择不同的供应商，并采用不同的管理策略。

（一）短期目标型

短期目标型的主要特征是采购方和供应商之间仅仅是交易关系，即买卖关系。双方的目的只停留在短期的交易上，关注的也只是自己如何获得短期利益的最大化。一笔交易一旦完成，双方的关系即宣告结束。

（二）长期目标型

长期目标型的特征是采购方和供应商之间建立一种超越买卖关系的合作关系。由于这种关系的存在，双方有可能从长远的共同利益出发，为最终提高供应链的竞争力而改进各自的工作，并在工作中积极配合。

（三）渗透型

渗透型是在长期目标型的基础上发展起来的。其管理思想是把对方公司看成是自己公司的延伸，是自己的一部分，因此对对方的关心程度就会大大增加。为了更好地了解对方，双方不定期安排自己的人员参与对方的工作，甚至会相互参股等。采供双方互相了解，便更容易改进自己的工作，从而共同进步，优化供应链。

（四）联盟型

联盟型是从供应链角度提出的。它的特点是从更长的纵向链条上管理成员之间的关系。由于成员增加，处于该供应链核心地位的企业就需要负责协调链上各成员之间的关系，成为供应链的主导者。

（五）纵向集成型

纵向集成型是最复杂的关系类型，即把供应链上的成员整合起来，像一个企业一样，但实际上各成员又是独立的企业，决策权属于自己。在这种关系中，要求每个企业在充分了解供应链的目标、要求的基础上，自觉地做出有利于供应链整体利益的决策。

供应商关系管理是一种旨在改善采购方与供应商之间关系的新型管理模式，主要研究如何与供应链中的上游供应商企业实现业务上的紧密联系和协同合作，使供应商及其资源能够更高效地参与到采购方的产品设计和生产销售过程中，并通过上游资源和竞争优势的整合来共同开拓市场、提高市场份额，实现采购方与供应商的双赢。

八、建立稳定的供应商合作机制

（一）多样化渠道搜集供应商

旅行社采购部门可通过往年合作伙伴、同业平台、同行介绍等渠道了解和筛选供应商，要注意搜集多个服务供应商的信息，选择优质伙伴进行长期稳定的合作。

（二）以集中采购的形式与优质供应商长期合作

精心筛选过的供应商可采用集中采购的方式合作，把一个时期内的服务集中起来委托给少数几个供应商，以获得理想价格和供应条件。例如经常与合作车队保持联系，了解其基本情况、发展动态，熟悉车队的车型、车辆座位，记录优秀司机的姓名和车辆号码、经常使用车辆的线路价格等。

（三）以分散采购的形式纳入一定的新供应商并观察评测

要积极发现新的供应商，对他们进行沟通洽谈和初步筛选，通过合作，观察评测后，质优者可转为长期合作伙伴。

（四）建立合作供应商信息资源库和评价退出机制

旅行社应建立高质量的采购协作网络，保证即使在旺季也能以较合理的价格采购到优质服务。应坚持对合作供应商进行考核评价，对不匹配要求的供应商及时调整，必要时终止合作关系。

九、供应商的管理要求

（一）建立供应商评估体系

制定明确的供应商评估标准，包括服务质量、价格、交货时间、售后支持等方面，定期对供应商进行评估，确保供应商符合采购方的要求和标准。

（二）建立合同管理制度

与供应商签订合同，明确双方的权利和义务，规定服务的质量、价格、交货期限、付款方式等条款。同时，合同中应明确违约责任和纠纷解决机制。

（三）建立沟通机制

与供应商保持密切沟通，及时了解供应商的服务、设备、生产、库存、物流等方面的信息，确保研学旅行的顺利进行。同时，也要及时反馈学校师生的需求和建议，促进双方的沟通和合作。

（四）定期进行供应商培训

为供应商提供培训和教育，提高供应商的专业素质和服务水平，提高供应商的服务质量和竞争力。

（五）建立风险管理制度

对供应商可能出现的风险和问题进行预防和处理，如供应链中断、价格波动、质量问题等。建立应急预案，确保在风险发生时能够及时应对和处理。

（六）优化供应商结构

根据实际情况和市场变化，不断优化供应商结构，引进优秀的供应商，淘汰不符合要求的供应商，保持供应商的竞争力和活力。

综上所述，管理研学旅行供应商需要建立完善的评估体系、合同管理制度、沟通机制、培训制度和风险管理制度，同时不断优化供应商结构，确保供应商能够提供优质、可靠的服务。

十、供应商的维护

（一）建立良好的合作关系

与供应商建立长期、稳定的合作关系，保持良好的沟通，及时反馈需求和问题，共同解决问题，促进双方的合作关系。

（二）定期评估供应商的表现

定期对供应商的表现进行评估，及时发现问题并采取解决措施，确保供应商的服务质量符合公司的要求和标准。

（三）提供合理的价格和及时付款

在与供应商的合作中，要提供合理的价格并及时付款，以确保供应商的利益得到保障，同时也能够增强供应商的信任和合作意愿。

（四）及时反馈和沟通问题

一旦发现供应商提供的产品或服务出现质量问题或异常情况，要及时反馈给供应商，并与供应商共同商讨解决方案，确保问题得到及时解决。

（五）关注供应商所处行业的市场变化

密切关注供应商所处行业的市场变化和趋势，及时调整合作策略，适应市场变化和需求，提高合作的稳定性和持续性。

总之，需要与研学旅行供应商建立良好的合作关系，定期评估供应商的表现，提供合理的价格和及时付款，及时反馈和沟通问题，关注市场变化等措施。通过这些措施，可以保持供应商的优质高效，增强供应商的合作意愿和信任度，确保研学旅行的顺利进行。

微课

研学旅行供应商的维护

【工作任务单十】

用思维导图整理旅行社在选择服务供应商时的注意事项。

任务二 起草框架协议

🔵 任务导入

经过考察后,旅行社计划采购某旅游车队作为长期的供应商合作伙伴,旅行社和旅游车队需要签订框架协议(大多为年度合同)以确定长期的合作关系。签订框架协议的主要内容有哪些?

🔵 任务解析

本任务以采购研学旅行的车辆服务为例,了解研学旅行供应商采购合同及框架协议的定义、签订要求、采购步骤等,让学习者掌握如何起草、签订采购合同。

🔵 任务重点

了解研学旅行供应商采购合同的条款。

🔵 任务难点

了解研学旅行供应商采购合同的签订要求。

🔵 任务实施

一、合同的定义

《中华人民共和国民法典》第四百六十四条规定,合同是民事主体之间设立、变更、终止民事法律关系的协议。第四百六十九条规定,当事人订立合同,可以采用书面形式、口头形式或者其他形式。书面形式是合同书、信件、电报、电传、传真等可以有形地表现所载内容的形式。以电子数据交换、电子邮件等方式能够有形地表现所载内容,并可以随时调取查用的数据电文,视为书面形式。第四百七十条规定,合同的内容由当事人约定,一般包括下列条款:

(1)当事人的名称或者姓名和住所;
(2)标的;
(3)数量;
(4)质量;
(5)价款或者报酬;
(6)履行期限、地点和方式;
(7)违约责任;
(8)解决争议的方法。

当事人可以参照各类合同的示范文本订立合同。

认知合同

二、框架协议的定义

框架协议是指合同在一定时期内,将每笔单个交易作为一个框架进行运作。当很多小的重复交易建立了长期合同时,需要一个特殊的合同来满足这种关系和单个交易的需求。作为采购方的旅行社与服务供应商签订的年度采购合同属于框架协议。

三、采购合同签订要求

旅行社与旅游服务供应商建立业务关系时,应按照有关法律规范订立书面的服务采购合同,合同要素至少要包括:

（1）双方规范名称、住所；
（2）双方的联系人及联系方式；
（3）提供的服务项目、标准及价格；
（4）付款方式、币种和期限；
（5）双方的权利及义务；
（6）服务质量出现问题和发生突发状况、安全事故的处理流程；
（7）解除或变更合同的条件和通知的期限；
（8）免责条款；
（9）违约责任和解决争议的方法；
（10）生效和终止时间；
（11）法定代表人签字；
（12）合同签订日期及加盖公章。

四、供应商评价原则

供应商评价的指标有很多,涉及供应商的多个方面。要想建立一套完善、合理、科学的评价指标体系,克服传统供应商评价选择工作中较为主观、片面的缺陷,就必须在建立供应商评价指标体系时遵循一些指导原则。只有这样,才能对供应商做出全面、具体、客观的评价,才能给供应商的优化选择提供科学的依据。

（一）全面系统性原则

供应商评价指标体系必须全面反映供应商的综合水平,不仅要能够反映供应商的历史业绩及当前状况,也要包括能体现供应商发展前景的主要指标。系统性原则要求评价指标体系的设置除了需要考虑供应商的企业素质以外,还要考虑所选供应商对采购方本身、对整个供应链系统的影响。

（二）简明科学性原则

评价指标体系的规模应适中,应具有一定的科学性和实用性。如果指标体系过大、层次过多、指标过细,势必将注意力吸引到一些细小的问题上,从而影响评价的效率;而指标体系过小、层次过少、指标过于粗放,又不能充分反映供应商的水平。

（三）客观公正性原则

建立科学、适用、规范的评价指标体系，利用一套全面有效的方法避免主观上的臆断，以客观的立场、公平的态度、合理的方法来评价供应商。同时，不同的行业、企业、产品需求和应用环境，供应商评价体系也是不一样的，要做到具体问题具体分析。

（四）操作灵活性原则

评价指标体系要有足够的弹性空间以便衡量，这样企业就能根据自身的特点及实际情况，灵活地选取相应的指标对供应商进行考评，并能根据情况的变化对评价体系进行适时调整。

（五）稳定可靠性原则

评价指标体系的设置还应考虑到方便与国内其他评价指标体系相比较，评价指标体系的标准应该相对统一，尽可能减少主观因素。

【推荐阅读】

1. 王亚辉、芮婕《供给侧改革下旅游服务供应链优化研究》，《现代商业》，2020年第1期

2. 李小康、郭栩东《基于威慑视角下的旅游供应链合作伙伴选择策略研究》，《中国市场》，2021年第15期

3. 李佳、李筱璇《克拉玛依市着力打造研学之城》，《中国信息报》，2023年9月27日第3版

【工作任务单十一】

请阐述旅行社与服务供应商签订框架协议的主要条款。

项目小结

为保证研学旅行的顺利开展,承办方需要酒店、景区、交通等相关供应商的服务响应。任务一围绕旅行社选择供应商的注意事项展开阐述,任务二重点介绍旅行社与服务供应商签订的框架协议的主要条款。

思考练习

(1) 阅读文献,思考旅行社在旅游供应链中的地位。
(2) 阅读文献,思考旅行社选择供应商的策略有哪些。
(3) 阅读文献,思考旅行社在研学旅行中的作用。

案例分享

某学校研学实践活动方案

项目五
编制方案

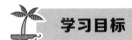 **学习目标**

知识目标

1. 熟悉研学旅行产品的概念与研学旅行线路
2. 掌握研学旅行产品的定价方法
3. 知晓研学旅行产品的发布规范
4. 掌握研学旅行方案编制方法

技能目标

1. 会核算研学旅行线路成本
2. 会撰写符合规范的研学旅行产品说明书
3. 能编制研学旅行方案

思政目标

1. 树立成本掌控意识、风险意识
2. 培养细致专业的职业素养
3. 培养精益求精的工匠精神

 **知识框架**

学习情境	工作任务	工作任务单
小李是某研学旅行社的销售人员，近期正在与某学校洽谈下一学年研学旅行的定制业务，他该如何开展工作？	编排线路	请根据你所在城市的研学旅行资源，针对小学四年级学生编排一条3天2夜研学旅行线路
	价格制定	请根据你编排的研学旅行线路，用分项计价单核算直接成本，并综合考虑各种因素进行报价
研学旅行的路线编排和价格制定完成后，要将研学旅行线路进行发布。研学旅行线路发布前要做哪些工作？研学旅行线路的发布作为合同履行的一部分，有哪些要求？	发布研学旅行线路	请发布针对小学四年级学生的3天2夜研学旅行线路
通过小李积极的沟通，学校初步认同了小李提供的研学旅行线路与价格，现在需要提供研学旅行方案，便于学校讨论和组织研学旅行。提供给学校的研学旅行方案有哪些内容，该如何编制？	制定方案	请根据前面任务所设计的3天2夜研学旅行线路，制定研学旅行方案

 ## 任务一　编排线路和价格制定

🔵 任务导入

小李是某研学旅行社的销售人员，近期正在与某学校洽谈下一学年研学旅行的定制业务，他该如何开展工作？

🔵 任务解析

2016年，教育部等11部门发布的《关于推进中小学生研学旅行的意见》中指出，要以基地为重要依托，积极推动资源共享和区域合作，打造一批示范性研学旅行精品线路，逐步形成布局合理、互联互通的研学旅行网络。本任务围绕研学旅行线路的行程规划步骤、价格制定和线路特点、类型和开发模式展开阐述，帮助学习者学习编排研学旅行线路。

🔵 任务重点

掌握研学旅行线路的规划步骤。

研学旅行操作实务

任务难点

了解价格核算要点、开发模式。

任务实施

一、研学旅行线路

研学旅行线路是指为了满足学生在研学旅行中的学习需求而设计的一系列活动的组合,包括参观景点、实践活动、文化交流等。这些线路通常是根据学生的年龄、学科特点、兴趣爱好等进行设计的,旨在提供丰富多样的学习体验和机会,促进学生的全面发展。

二、研学旅行行程规划原则

研学旅行行程是研学旅行的重要组成部分,它需要详细规划每一天的活动内容和时间安排,确保学生在旅行中获得丰富的学习体验。在规划研学旅行线路时应注意安全性原则、合理性原则、限制性原则。

(一)安全性原则

研学旅行作为户外活动之一,具有一定的危险性,务必确保研学旅行地点、餐饮、住宿、交通等环节无隐患,应选择危险性小、安全性高的路线出行。要对涉及的每个环节逐一进行安全隐患排查,尽可能避开危险地段,减少安全隐患。

(二)合理性原则

研学旅行地点应有必要的基础设施和配套设施,且有一定的接待能力,能开展研学目标下的各项活动,能满足研学需要。考虑各个停留点(课程地点、餐食地点、住宿地点)之间的安排顺序、行走方向、路况、海拔等因素对行驶速度、路程时间的影响。

(三)限制性原则

考虑研学旅行资源点的开放时间、人数要求、预订方式、交通工具等限制条件。

三、研学旅行行程规划步骤

(一)知晓信息

学生们的地域、学校、年龄段不同,情况各异,应立足学生学情设计方案,才能以学定教;将学情分析贯穿研学旅行活动的全过程,才能提高教学的精准度。在规划行程路线前要知晓组织方的信息,例如学校名称、位置、年级、人数等信息。

研学行程需求单见表5-1。

表 5-1　研学行程需求单

联系人		联系电话	
学校名称		年级	
大约人数		预算	
计划天数、日期		主题	
交通方式		食宿标准	
研学需求			

（二）核实需求

了解组织方和研学旅行受众的研学需求，例如天数、预算、交通方式和课程主题等信息，掌握研学旅行受众的认知特征和学情分析。

（三）分析学情

学生已掌握的知识和经验，是研学旅行目标和具体研学旅行内容设计的基础。一般而言，可采用问卷调查法、观察法及个别访谈法向学生和授课老师们了解学情。熟悉学生所学的教材、开展课前的测试是较为简便有效的分析方法，可以在对学生已具备的知识基础、认知能力、生活经验、身心特征和学习特点等维度全面了解的基础上进行总结分析。

（四）选择课程单元

课程单元是学生学习的重点，是研学旅行的中心环节。主要可以从研学旅行区域的资源、课标的实践活动要求和学生情况三方面考虑。研学旅行内容的选择要注重乡土性。一方面，选择乡土资源作为研学旅行内容可以让学生学习家乡的地理、历史等知识，激发学生的学习兴趣，调动学生的学习积极性，也有利于培养学生的家国情怀。另一方面，选择乡土资源作为研学旅行内容经济适用，且有可操作性，因此应积极开发乡土资源作为研学内容，以促进研学旅行在中小学的开展。明确研学旅行组织方和研学旅行受众的需求，基于研学旅行受众的特点，选择开展研学旅行课程单元的资源点。优先选择各级教育部门推荐的研学旅行实践教育基(营)地，这些资源点的课程相对更有保障，课程质量和安全系数更高。

（五）考察供应商的基本要求

供应商是研学旅行中提供旅游地接、交通、住宿、餐饮等服务的机构。考察供应商时应注意以下基本要求：

（1）具备合法资质；
（2）经营业绩及信誉良好；
（3）制度健全，管理规范；
（4）工作人员业务操作能力能够满足服务品质要求；

(5) 掌控资源的能力须满足研学旅行供应采购计划要求。

（六）审核供应商资质

为了保障研学旅行的行程安全顺畅，应对供应商从信息的完整性、规范性、有效性、合理性等方面进行审核。

（1）要求合作的供应商提供经营许可证、营业执照副本复印件以及本年度保险合同等资料。

（2）针对经营高空、高速、水上、潜水、探险等高风险项目的供应商，应要求其提供按照国家有关规定取得的经营许可证明。

（3）要求合作的服务供应商应符合相关行业规范要求。餐厅应具备服务人员健康证、营业执照等证照，要求证照齐全，且已通过环保、消防等部门检查；住宿供应商应有合法的营业手续，营业场所有必要的设施设备和安全保卫措施，以保障研学旅行参与者的人身财产安全；交通车辆应当选择具备客运经营资质的道路客运企业提供，并确保其客运手续、保险手续齐全；国内旅游车辆应符合《旅游客车设施与服务规范》（GB/T 26359—2010）的要求，同时遵守《中华人民共和国旅游法》的规定，在车辆显著位置明示道路旅游客运专用标识，在车厢内显著位置公示经营者和驾驶人信息、道路运输管理机构监督电话、安全提示等事项。

（七）规划路线

行程路线有辐射式、串联式两种类型。辐射式路线是以一个研学旅行营地为核心、周边研学旅行资源点为辐射圈组成的路线。串联式路线为数个研学资源点串联而成的路线。

（八）实地考察

实地考察包含但不限于以下内容：课程资源的丰富度与针对性、研学旅行资源点位置与交通的便利性、行走路线的合理性、餐饮与住宿等供应方设施的齐备性及安全性、时间安排的合理性、大型团队应注意的进出口路线、大型交通车的等候区域、拍合影的地点、洗手间的分布及数量等。

（九）优化路线

根据实地考察结果优化路线，做好突发状况的应对措施，避免途中可能存在的问题，确保线路的安全性、活动的可行性、学习的有效性、生活保障的全面性，符合研学旅行的初衷和线路规划的原则。

四、研学旅行线路的开发模式

中小学生研学旅行是由教育部门和学校有计划地组织安排，通过集体旅行、集中食宿方式开展的研究性学习和旅行体验相结合的校外教育活动。因此，在进行研学旅行线路的开发时，教育部门要充分加强与政府、旅游企业、社会等方面的合作，建议采取学校自主开发、校企合作开发、商业化开发及政府主导开发等模式。

（一）学校自主开发模式

学校自主开发模式是目前研学旅行市场上比较常见的一种开发模式，由学校负责开展研学旅行的老师或研学旅行工作小组根据自己的研学目标以及学生的特点和需求，结合教学计划和教学内容，依托课本自主开发设计符合本校学段特征的研学旅行线路及研学旅行产品。

（二）校企合作开发模式

校企合作开发模式，一般是由学校提要求，专业教师参与研学旅行项目设计开发，旅游企业提供符合学校要求的个性化旅游产品设计，并在出游时做好研学旅行服务工作。校企合作开发模式减少了学校的工作量，学校和旅游企业分工明确，学校做好研学旅行目标、研学旅行方案的设计把关，旅游企业根据学校的需求设计专业的研学旅行产品，提供标准化研学旅行服务。

（三）商业化开发模式

商业化开发模式是旅游企业以商业盈利和市场需求为目的进行的商业化行为，强调旅游经济功能，追求旅游经济效益，是旅游企业主导开发的符合市场需求、有盈利空间的研学旅行产品。在这种开发模式下，研学旅行产品标准化、充分市场化，具有共享性和普及性，适合不同年龄段的研学旅行人群。但是商业化开发模式下的研学旅行产品容易出现破坏生态环境、研学旅行目的地景区作假等问题。

（四）政府主导开发模式

政府主导开发模式是指政府根据区域旅游发展的规划，指导相关重点研学旅行资源开发利用，对相关研学旅行项目、措施和服务功能配套提出特定要求。研学旅行线路由政府主导开发，可做到统筹区域资源，推出有重点、有层次的研学旅行产品。

五、价格制定

（一）价格构成

旅行产品的价格构成可简单表述为"直接成本＋作业成本＋运营成本＋影响因素＋利润"。直接成本指的是采购课程、交通、住宿、餐饮、物料、保险、工作人员劳务费等，作业成本是指企业相关作业单位投入的成本，企业运营成本是指广告费、房租、人工等，影响因素有同行的产品价格、市场稀缺性、目标客户的需求程度等。

1. 直接成本的构成

（1）交通费用。

这部分费用主要取决于研学目的地的远近以及所选择的交通方式。例如，如果选择大型交通车作为主要交通工具，那么需要计算从集合点到研学旅行营地及各资源点间的中转费用和结束后返程的总费用。这部分费用通常会平摊到每个学生,作为研学旅行产品价格的一部分。

(2)住宿费用。

研学旅行通常需要在外住宿,住宿费用取决于选择的住宿类型(如营地宿舍、酒店等)以及住宿的天数。住宿费用是产品价格的重要组成部分。

(3)餐饮费用。

餐饮费用包括早、中、晚餐以及可能的零食和饮品费用。研学旅行中的餐饮需要考虑学生的营养搭配和卫生安全,因此通常会选择资质齐全的餐饮单位进行合作。这部分费用也会反映在产品价格中。

(4)保险费用。

组织研学旅行活动必须为学生购买意外险或针对性险种。保险费用虽然不高,但也是产品价格的一个组成部分。

(5)门票费用。

如果研学旅行资源点在景区内,还需要考虑学生景区票的费用。学生票通常会有折扣,如果是研学旅行组团还可能会有额外的优惠。此外,还需要注意景区内可能存在的二次收费项目,如摆渡车等。

(6)人员费用。

人员费用包括研学导师、随团人员等的费用。如果是自有研学导师,则需要计算人力成本;如果是外聘的研学导师或专家,则需要按日或总费用进行结算。这部分费用也会体现在产品价格中。

(7)耗材费用。

研学旅行过程中可能需要使用各种耗材,如出行装备、教学用品、实验用品等。这些耗材的费用也需要计入产品价格中。

2. 直接成本计价

推荐利用分项计价单来计算成本,在使用过程中,养成分项写项目、具体列明细的习惯,这样会提高效率和准确率。分项计价单如表5-2所示。

表5-2 分项计价单

日期	4月6日		计价人	×××
名称	江南研学五日		销售人员	×××
序号	项目	价格(单位:元)	备注	
1	交通	(1200×5)/40=150	45座车5天,每天1200元,每车按40人计算	
2	研学旅行课程	50×3+60×4=390	共计7个课程,由于时长不同,一类课程每个50元,另一类每个60元	
3	餐食	4×10+20×9=220	早餐每顿10元,共4顿;正餐每顿20元,共9顿	
4	住宿	50×4=200	每人50元/晚,共4晚	

续表

序号	项目	价格(单位:元)	备注
5	研学导师	(300×5)/10＝150	导师300元/天,共5天,每位导师带领10人
6	其他	学习手册5元/人,物料10元/人	
	合计	1125元/人	

（二）定价思维

常见的旅游产品定价思维有企业成本思维、客户成本思维和产品价值思维三种，具体含义如下。

企业成本思维是指在直接成本的基础上，参考公司运营的间接成本（例如广告费、房租、人工等）、利润、同行的产品价格等各种影响因素制定价格。可以简单地表述为"报价＝直接成本＋间接成本＋影响因素＋利润"。

客户成本思维是从客户的角度上来看，即根据客户自己安排这个活动所付出的成本来定价。客户成本包括但不限于金钱成本、时间成本、体力成本、精神成本、风险成本等。其中风险成本是指客户自己购买产品后的退订、转卖、降价等风险。

产品价值思维是指产品定价取决于产品创造的价值。同样的产品，在不同客户眼里的价值不同，要确定产品放在哪些客户的心理账户中。例如赶海捕鱼对于渔民来说是劳作，对于内陆客户来说是旅行体验，需要付费才能体验。还有产品的稀缺程度、专业性、极致体验、新鲜的玩法、特殊待遇等，都会影响产品在客户心中的心理价值。

（三）定价策略

在产品定价方面，有多种策略可供管理者选择，具体选择哪种策略，需要根据产品的特点、市场竞争情况和目标市场需求来确定。以下是几种常见的产品定价策略。

1. 成本导向定价策略

这是最基本的定价策略，即根据产品的成本确定售价。管理者需要计算产品的生产成本，然后加上所需的利润来确定售价。这种策略适用于市场竞争不激烈，且产品具独特性或品牌优势较强的情况。

2. 市场导向定价策略

这种策略是根据市场需求和竞争情况来确定售价。管理者需要了解目标市场的价格敏感度、竞争对手的定价策略，以及产品的独特性和附加值，根据这些信息，可以制定一个相对合理的价格。

3. 差异化定价策略

差异化定价策略是根据不同的市场细分或客户群体来定价的策略。管理者需要对不同市场细分或客户群体的需求和购买力进行调研，并根据需求的差异性来制定价格。这种定价策略可以帮助企业最大限度地满足不同客户的需求,并提高销售额和市场份额。

4. 促销定价策略

这是一种通过降低售价或提供优惠来刺激销量的策略。促销定价可以吸引客户购买,增加销量,提高产品知名度。常见的促销策略包括打折、满减、买赠等。这种策略适用于推出新产品、增加单品销量或提高市场份额的情况。

无论采用哪种策略,都需要进行定价前的市场调研和分析,以确保定价策略的有效性和可行性。同时,还需要定期评估和调整定价策略,以适应市场变化和竞争压力。需要注意的是,教育部门组织的中小学生研学旅行具有公益性。

微课 ▼ 旅游产品的价格构成

【工作任务单十二】

请根据你所在城市的研学旅行资源,针对小学四年级学生编排一条3天2夜研学旅行线路。

【工作任务单十三】

请根据你编排的研学旅行线路,用分项计价单核算直接成本,并综合考虑各种因素进行报价。

任务二　发布研学旅行线路

任务导入

研学旅行的路线编排和价格制定完成后,要将研学旅行线路进行发布。研学旅行线路发布前要做哪些工作?研学旅行线路的发布作为合同履行的一部分,有哪些要求?

任务解析

研学旅行线路的发布对于研学旅行活动最终落地并组织实施至关重要,本任务围绕研学旅行线路的包装原则、研学旅行线路说明书的作用和构成、研学旅行线路说明书的发布要求展开阐述,帮助学习者学习发布研学旅行线路。

任务重点

掌握研学旅行线路的包装原则。

任务难点

了解研学旅行线路说明书的作用和构成、研学旅行线路说明书的发布要求。

任务实施

一、研学旅行线路的包装原则

研学旅行线路在研学旅行活动中发挥着重要的作用,不仅能够引导学生进行深入学习和探究,还能够拓宽学生的视野、培养学生多元思维,增强其社会责任感和实践能力。在包装的时候应注意以下原则。

1. 教育性和实践性原则

研学旅行的核心目的是让学生在旅行中获得知识和实践经验,所以线路设计要紧密围绕这个主题,注重知识的传递和实践能力的培养。

2. 趣味性和互动性原则

为了让学生更好地参与和体验研学旅行,线路中可以加入一些有趣的活动和互动环节,比如游戏、竞赛、小组合作等,这样可以激发学生的学习兴趣和积极性。

3. 安全性和舒适性原则

在研学旅行中,学生的安全和舒适是非常重要的,所以线路设计要考虑学生的年龄和身体状况,合理安排行程和活动。

4. 吸引力和竞争力原则

为了吸引更多的学生参与研学旅行,线路设计要具有吸引力和独特性,同时要注重与市场上其他研学旅行产品的差异化,提升自己的竞争力。

二、研学旅行线路说明书

研学旅行线路说明书是对研学旅行活动详细安排的说明性文件。它主要包括研学旅行的线路名称、主题、目标、具体行程安排、注意事项、预期研学成果以及承办方信息等。研学旅行线路说明书旨在帮助学生、教师和家长了解研学旅行的整体安排和活动细节,确保研学旅行活动的顺利进行,并达到预期的教育和学习目标。

三、研学旅行线路说明书的作用

(一)载体作用

研学旅行线路是研学旅行课程的载体,能够将各个研学资源点科学地串联起来,形成一个完整的教学过程。

(二)产品介绍

研学旅行参与者通过阅读研学旅行线路说明书,能有效地了解该研学旅行产品包含的项目和服务标准。

(三)指导消费

研学旅行线路说明书需要包括报名要求、包含项目、服务标准、安全提示、当地资讯等内容,使研学旅行受众或主办方清楚地知晓参加内容和注意事项等信息。

(四)扩大销售

研学旅行线路说明书图文并茂,能吸引研学旅行受众或主办方的关注,激发他们参与研学旅行的兴趣,起到扩大销售的作用。

(五)彰显品牌

研学旅行线路说明书需要标明承办方信息,让企业形象得以直观地呈现,从而达到宣传企业品牌的作用。

四、研学旅行线路说明书的构成

研学旅行线路说明书主要由线路名称、正文、附文三部分组成,包含但不限于线路名称、研学亮点、目的地资讯、行程内容、价格及研学保障、温馨提示、承办方信息等内容。

（一）线路名称

线路名称部分主要是告知研学旅行目的地、天数、主题等信息，具有吸引力的产品名称会增加点击率和成交量。

（二）研学亮点

研学亮点大多在教育（课程）目标模块展示。

（三）目的地资讯

研学旅行往往是离开常居地的活动，目的地资讯的主要作用是加深客户对目的地的了解，其内容大多是对目的地城市或研学营地的介绍。

（四）行程内容

行程内容主要是对行程的具体安排的说明，是线路说明书的重要组成部分，主要作用是使客户行前知晓行程的内容和节奏，常见的行文方式有列时间表式和日程式两种。

1. 列时间表式

列时间表式也可称为"课程表式"，将行程按照课程表的方式展现出来，几点集合，几点游览，几点就餐，一目了然。这种方式让研学对象清楚每个研学资源点的抵达与停留时间，检视每个研学资源点的安排是否匆忙或空闲。

2. 日程式

按照一天的行程安排，包括从早上到晚上安排的研学旅行课程。

（五）价格及研学保障

线路价格一般应列明单个研学参与者的价格。

研学保障需要注明费用包含的项目和费用不包含的项目。按照相关的标准要求，费用包含的项目需要列明采用的交通工具等级、住宿规格、餐饮的标准及次数、门票的涵盖范围等。

（六）温馨提示

该项目一般包含报名要求、预订须知、安全提醒等。

（七）承办方信息

该项目包括企业名称、许可证号、地址、联系电话等。

五、研学旅行线路说明书的发布要求

按照相关法规、标准的要求,研学旅行线路说明书发布需要注意以下事项。

(一)内容要求

(1)承办方的全称、地址、电话、许可证等信息;

(2)研学旅行线路名称;

(3)价格及缴纳方式;

(4)限制条件(如人数限制、有效时段、不适宜参加相关活动的群体);

(5)行程的出发地、途经地、目的地、结束地;

(6)行程中各停留点的路程距离;

(7)研学旅行课程的具体内容及时间;

(8)采用的交通工具及标准;

(9)住宿地点、规格及标准;

(10)餐饮标准及次数;

(11)目的地资讯介绍;

(12)安全提示及针对高风险旅游项目的安全保障措施;

(13)企业及行业部门旅游服务监督、投诉电话。

(二)线路说明书中的不确定因素

对于线路发布时还不能确定的信息,应以出团通知单的方式告知团员。不确定因素仅限于:

(1)具体的航班及火车班列信息;

(2)住宿的具体名称、地址;

(3)承办方紧急情况联系方式;

(4)目的地特别注意事项。

(三)表述要求

(1)表述用语应便于理解,避免使用专业术语、方言及易产生歧义和误解的用语;

(2)客观介绍研学旅行项目的真实情况;

(3)行程时间均按1天24小时的全时制发布,在有时差的地区以当地时间为准;

(4)提醒特别注意事项须采用醒目的方式(如字号加大、字体加粗等)明显标注。

【推荐阅读】

《旅行社产品通用规范》(GB/T 32942—2016)

【工作任务单十四】

请发布针对小学四年级学生的3天2夜研学旅行线路。

任务三　制定方案

🔖 任务导入

通过小李积极的沟通，学校初步认同了小李提供的研学旅行线路与价格，现在需要提供研学旅行方案，便于学校讨论和组织研学旅行。提供给学校的研学旅行方案有哪些内容，该如何编制？

🔖 任务解析

2016年，教育部等11部门发布的《关于推进中小学生研学旅行的意见》中指出：各地教育行政部门和中小学要探索制定中小学生研学旅行工作规程，做到"活动有方案，行前有备案，应急有预案"。意见中对"三案"的要求简明扼要，为研学旅行方案的编制指明了方向，为研学旅行的准备工作提供了科学指南。本任务围绕研学旅行方案的作用、要素和结构展开阐述，帮助学习者学习制定研学旅行方案。

🔖 任务重点

掌握研学旅行方案的要素。

🔖 任务难点

了解研学旅行方案的结构。

任务实施

一、研学旅行方案的作用

研学旅行方案是为了实现研学目标、完成研学旅行计划而制定的指导性、约定性的书面计划,根据研学旅行受众需求,结合研学资源地的特点编制的整体研学旅行课程计划,保障研学旅行顺利进行。

二、研学旅行方案的要素

研学旅行方案对于研学旅行课程活动的实施者来说是设计图纸,是研学旅行课程活动开展的基本依据,同时也是活动设计者综合能力和思维水平的重要体现。研学旅行方案的设计应简明精准,使读者能够通过方案快速、清晰地理解课程目标、具体内容和行程安排,能够对研学旅行课程的质量、服务保障和教育意义进行初步判断,进而做出选择或者提出合理化建议。根据活动对象和内容不同,研学旅行方案的详细程度和具体内容要求也有所不同。一般来说,研学旅行方案的要素包含但不限于线路名称、对象、目标、内容、行程安排、评价、配套资料等方面构成。各要素的要求如下。

(1)研学旅行的线路名称要准确恰当,简洁易记,主题鲜明,突出特色。

(2)研学旅行的对象要明确适宜学段、年龄、类型及适宜时间等。

(3)研学旅行的目标要落实立德树人根本任务,突出德智体美劳教育;符合素质教育的特点,突出实践育人特征,符合社会主义核心价值观教育的要求,有强烈的时代感。

(4)研学旅行的内容要与国家课程、地方课程、校本课程知识相链接,突出地域文化和自身特色;符合学段学生身心特点,设置研学旅行的任务单、知识点、研究性课题,拓展已有知识,突出知识创新;通常分为行前、行中、行后课程,行前课程为研学旅行课程提供支撑和铺垫,行中课程突出体验和探究,行后课程整理和展示学习成果。

(5)研学旅行的行程安排要合理,难易程度适中,衔接流畅,操作性强,体现参与性、体验性、实践性;活动安全要有保障。

(6)研学旅行的评价要有收集学生对研学旅行活动评价的方法与手段,如把学生所写的有关感悟体会的文章及活动照片进行交流分享、组织学生填写活动评价表、收集家长反馈意见等;有对学校、服务单位、研学旅行资源单位开展研学旅行活动评价的方法与手段等。

(7)配套资料是研学旅行承办方的简介、研学应急预案等。

三、研学旅行方案的结构

(一)名称

教育部2017年9月发布的《中小学综合实践活动课程指导纲要》(教材〔2017〕4号)

指出:综合实践活动是从学生的真实生活和发展需要出发,从生活情境中发现问题,转化为活动主题,通过探究、服务、制作、体验等方式,培养学生综合素质的跨学科实践性课程。

研学主题是研学旅行的核心和灵魂,是对研学内容的聚焦和提炼,研学旅行作为综合实践课程的重要组成部分,研学主题的设计要按照《中小学综合实践活动课程指导纲要》的基本要求,遵循综合性原则、实践性原则、开放性原则和跨学科原则。如《应急救护员——职业启蒙主题研学》《从蔗甜到心甜》《探索地铁奥妙,感悟科技魅力》等主题,既能突出呈现课程的核心内容和主要目标,又能关注时代热点和学生鲜活的现实生活环境。

(二)背景

研学旅行的背景阐述课程的由来、意义、环境、状态、研究该课程所具有的条件等,以便让读者更好地了解课程的主要内容、研究方式、研究过程和研究成果。

(三)对象

行前测摸底,把脉学情起点。研学旅行方案要写明研学对象的人数、年级,不同年龄段的学生,不同地域学校的学生,相同年龄、相同地域、不同学校的学生学情各异,只有立足学生学情设计方案,才能以学定教,只有将学情分析贯穿研学活动的全过程,才能提高教学的精准性。学生的学前认知及已掌握的知识和经验,是研学目标和具体研学内容设计的基础。一般而言,可采用问卷调查法、观察法及个别访谈法向学生、授课老师们了解学情,熟悉学生所学的教材也能了解学情,开展课前的测试是较为简便有效的分析方法,可以精准了解学生已具备的知识基础、认知能力、生活经验、身心特征和学习特点等。

(四)目标

研学旅行目标是研学旅行活动实施预期达成的成果,清晰的目标能避免活动流于形式,并能对核心素养的培养做出方向性指引,因此研学旅行目标设计是研学方案设计的关键。研学旅行目标主要分为以下三种类型。第一类是"三维目标说",三维目标陈述是新课程改革以来在基础教育领域推行的教学目标陈述方法,在学科教学领域已经得到普遍应用,因此三维目标陈述的方法对综合实践活动课程也同样适用。第二类是"知识、实践、情感结合说",由知识目标、实践力目标、情感道德目标三方面组成。第三类是"核心素养说",研学旅行是综合实践课的重要组成部分,教育部在2017年颁布了《中小学综合实践活动课程指导纲要》,纲要对综合实践活动课程的性质、目标、内容选择与实施方式等作出了具体的规定,成为学校开发和实施综合实践活动课程的重要纲领。《中小学综合实践活动课程指导纲要》以核心素养为导向,根据具体的研学资源及学情等从价值体认、责任担当、问题解决、创意物化四个维度制定可达成的核心素养目标,引导学生学会认知、学会思考、学会行动。

不管选用哪种类型撰写研学目标,都要以学生为中心,遵循 SMART 原则,"SMART"是 Specific、Measurable、Attainable、Relevant 和 Time-based 5 个英文单词首字母组成的缩写,分别表示目标的明确性、可衡量性、可实现性、相关性和时限性。因此,设计研学目标设计应尽量做到明确可行、可量化、可观测。

(五)课程内容

研学旅行课程包含多个研学旅行课程单元,课程单元是指研学旅行中的一次课或一个任务,包含具体的学习主题、学习内容、学习流程和学习任务。

(六)行程安排

研学旅行的行程安排包含吃、住、行、学等要素,具体的行程安排可以按照日历式展现,在设计中,也可以根据实际情况的需要将课程内容与行程安排相结合。如"'绣'出文旅新花样,激活乡村振兴新引擎"的课程安排见表 5-3。

表 5-3 "'绣'出文旅新花样,激活乡村振兴新引擎"的课程安排

时间	课程内容	授课地点	关联学科	授课方式
行前课(提前两周)				
16:00—18:00	激发研究兴趣,培养健康行为 (1)开营仪式; (2)解读研学主题,介绍研学行程安排和注意事项; (3)开展安全教育,利用游戏对学生进行分组和团队建设,学生自行讨论明确人员分工,制定小组研学课堂公约; (4)讲授问卷调查的步骤和要领,学生分组查阅文献资料,了解绣球相关的历史文化和旧州旅游发展的情况,针对"'绣'出文旅新花样,激活乡村振兴新引擎"的主题设计调查问卷	学校	体育与健康; 安全教育	讲授法; 体验式教学法; 小组讨论法
行中课				
7:30—11:00	启程:南宁—旧州 组织学生学唱壮族民歌,便于学生综合运用于"'绣'出文旅新花样,激活乡村振兴新引擎"的主题项目中	大巴	音乐	体验式教学法
11:00—11:40	酒店安全教育 (1)入住酒店; (2)酒店消防安全知识培训和应急模拟	酒店	安全教育	讲授法; 体验式教学法
11:40—12:40	午餐:壮乡簸箕饭			

续表

时间	课程内容	授课地点	关联学科	授课方式
12:40—16:30	选题准备:开展问卷调查,分析绣球文化创新发展困境 (1)小组通过前期文献资料的查阅,实地参观旧州壮族生态博物馆,加深对绣球文化的理解,利用思维导图或鱼骨图梳理绣球的发展脉络和文化内涵,了解绣球文化发展情况和旧州旅游的形态; (2)向绣球文化传承人、旅游从业者、游客发放不少于30份的问卷,并分析调查结果	壮族生态博物馆;绣球风情街	思想政治;数学	项目式学习法;体验式学习法
16:30—17:30	确定选题:头脑风暴,确定选题 (1)小组头脑风暴,分析引起绣球文化创新发展困境、旅游体验感不足的原因; (2)结合在地资源、小组的兴趣和优势,围绕"'绣'出文旅新花样,激活乡村振兴新引擎"的主题,以体育为形式,以设计能提高绣球文化旅游体验的活动为目标,凝练研究项目选题	农家餐厅	体育与健康	项目式学习法;体验式学习法;小组讨论法
17:30—20:30	劳动教育:"烹"然心动,享壮乡美食 (1)制作一道有绣球元素的壮乡特色美食; (2)晚餐	亲水长廊	劳动教育	体验式学习法
21:00—21:30	围炉夜话 采用体验式学习循环模式引导学生开展分享反思,指导学生将所学所思迁移至未来的学习生活中	亲水长廊	思想政治	体验式学习法
21:30—22:30	洗漱就寝			
7:00—8:00	起床早餐			
8:00—9:00	晨间律动:振臂抖腕向天抛,五色绣球随歌飞 对山歌,背篓抛绣球小组赛	绣球广场	体育与健康	体验式教学法
9:00—12:00	制定计划:提出思路,撰写计划 (1)讲授撰写项目计划表的要领; (2)各小组针对项目选题开展头脑风暴,提出设计思路,确定职责分工,制定可行的项目计划表,解决具体问题	亲水长廊	语文;体育与健康	小组讨论法

续表

时间	课程内容	授课地点	关联学科	授课方式
12:00—13:00	午餐			
13:00—15:30	项目路演:情景模拟,优化调整 (1)各小组对项目进行路演 (2)各小组进行项目互评和批判性反馈 (3)综合有效的反馈,组织小组讨论,对项目计划进行优化调整	亲水长廊	体育与健康	小组讨论法
15:30—18:00	项目实施:巧手备材料,巧思招募人 (1)讨论、动手制作活动物料 (2)通过各种形式招募旅游从业者和游客报名参与项目活动	旧州古城内		
18:00—21:00	文化体验:壮乡篝火,狂欢绣球 (1)小组分工参与篝火搭建、安全管理、节目单制作、主持催场、点火仪式等工作; (2)小组设计排练以绣球为主题的节目; (3)组织与实施壮族绣球主题篝火晚会	绣球广场	艺术	
21:00—21:30	围炉夜话 采用体验式学习,以循环模式引导学生开展分享与反思,指导学生将所学所思迁移至未来的学习生活中	绣球广场	思想政治	
21:30—22:30	洗漱就寝			
7:00—8:00	起床早餐			
8:00—11:00	项目汇报:"绣"出文旅新花样,激活乡村振兴新引擎 (1)组织旅游从业者和游客参与小组设计的"'绣'出文旅新花样,激活乡村振兴新引擎"主题活动; (2)收集参与者的反馈意见; (3)与旅游从业者商量优化活动,今后适时推出,提升古镇绣球活动的体验感	绣球广场	体育与健康	

续表

时间	课程内容	授课地点	关联学科	授课方式
11:00—12:30	项目评价 (1)总结反思; (2)结营仪式	绣球广场		
12:30—14:00	午餐、内务整理、收拾行李			
14:00—17:30	返程:旧州—南宁			
行后课(结束后2周)				
16:00—18:00	(1)研学主题下的班会公开课汇报; (2)个人成果:研学旅行纪实(推文、图文并茂); (3)团队成果:调研和实施报告(PPT展示)	学校	语文	

(七)课程费用

应注明费用包含的项目内容和等级,如有需要,注明费用不包含的项目内容。如"'绣'出文旅新花样,激活乡村振兴新引擎"课程的费用如下:

根据实时核价,每人×元(其中用餐×元/人,课程费×元/人;用餐餐标为二荤一素一汤一主食;费用包含交通费、住宿费、场地费、保险费、师资费、研学教材费等;费用不含其他个人消费)。

(八)安全保障

安全保障包含注意事项、安全提醒和安全保障措施。针对研学过程中交通安全、住宿安全、食品安全、特殊天气等方面可能出现的突发情况拟定出应对方案,同时明确承办方针对本次研学旅行成立的组织机构,例如领导机构、工作小组、安全保障小组等;应制定安全保障方案,例如交通、餐饮、住宿供应商的有效资质、具体的应急预案、医疗保障等;对未成年人进行安全教育,强化安全意识,确保未成年人的安全和健康,预防意外事故的发生;所有参加研学旅行的师生必须购买旅游意外险等。

【推荐阅读】

1. 刘又堂,谢春林《研学旅行认知、态度及行为意向研究——基于中小学生家长的视角》,《桂林航天工业学院学报》,2022年第3期

2. 徐蔼积,陆亦农,刘涛《以PBL为导向的新疆巴州红色丝路研学旅行线路设计研究》,《西部旅游》,2022年第22期

微课

制定研学旅行方案

资源链接

3.万姿君《中国研学旅行线路的空间分异》,《西部旅游》,2022年第22期

【工作任务单十五】

请根据前面任务所设计的3天2夜研学旅行线路,制定研学旅行方案。

项目小结

本项目分三个任务着重对中小学校组织研学旅行活动所需的研学旅行方案进行了阐述。任务一阐述了研学旅行线路规划的步骤、价格核算要点和开发模式;任务二阐述了研学旅行产品说明书的撰写;任务三阐述了研学旅行方案的作用、要素和结构。

思考练习

(1)阅读文献,思考学校和家长、中小学生主要关注研学旅行的哪些方面。

(2)阅读文献,结合实践,总结研学旅行线路设计的流程,以及各环节注意事项。

(3)了解市面上研学旅行课程组织和实施中的乱象,思考在制定研学方案时,如何兼顾学生的旅行体验和研究性学习需求。

(4)近年来,随着中小学"双减"政策的实施以及新一代家长教育观念的转变,应文化和旅游高质量发展需求,研学旅行呈现"处处皆可研,人人皆可研"的新特点,正在向全域(空间)、全时(时间)、全龄(消费主体的全生命周期)、全业(多行业参与)转变,成为文旅新业态,尤其受到亲子家庭群体的追捧,针对亲子家庭客群制定方案时需要注意哪些要点呢?

案例分享
▼

研学乱象
监管

项目六 实施准备

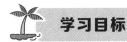

学习目标

知识目标

1. 了解采购合同及研学旅行相关保险
2. 了解采购研学旅行供应商的要求
3. 掌握旅行社与车队的合作流程
4. 了解学生手册的内容
5. 了解家长说明信的意义和内容
6. 掌握编制工作手册的方法

技能目标

1. 能够签订采购合同
2. 能够匹配供应商
3. 能够起草接待计划
4. 能够设计学生手册
5. 能够撰写家长说明信
6. 能够编制工作手册

思政目标

1. 培养法律职业素养,树立风险防控意识
2. 提升创新和审美意识
3. 树立认真仔细的职业素养,培养精益求精的工匠精神

研学旅行操作实务

 知识框架

学习情境	工作任务	工作任务单
该学校确定选择小李所在的旅行社承办下一学年的研学旅行活动,现在准备签订采购合同,确认相关细节。请问合同有哪些版本?签订时有哪些注意事项?	签订合同	如果研学过程中学生发生意外,请阐述保险理赔的流程
研学旅行的实施需要多个供应商的合作,承办方旅行社在与多个供应商签订框架协议后,具体到为每个研学旅行团匹配供应商的时候,有哪些注意事项?	匹配供应商	请简要概括采购协议的传真文件及电子邮件应有哪些要素
车辆调度员小张今天接到本周3个研学旅行团的用车计划,分别是10号D实验中学156人用车赴X中小学素质学校,11号E小学320人赴Y青少年营地,11号F中学262人赴Z中小学生实践学校。他计划将这三个用车计划发给车队,请问他应如何操作?	签订接待计划	请结合本项目学习情境的订车要求,起草用车计划单
该学校已选定小李设计的3天2夜研学旅行方案,现在需要小李针对这个方案起草学生手册。学生手册应该怎样设计?应该包含哪些内容?如何编排才合理?	起草学生手册	请根据你设计的3天2夜研学旅行线路,起草学生手册
该学校已选定小李设计的3天2夜研学旅行方案,现在小李需要撰写一封家长说明信。家长说明信应该如何撰写?应该包含哪些内容?	撰写家长说明信	请根据你设计的3天2夜研学旅行线路,撰写一封家长说明信
该学校已选定小李设计的研学旅行方案,现在需要小李编制工作手册,帮助工作人员全面了解研学旅行团的情况和注意事项。请问他需要编制哪些表单?如何制作工作执行表?	编制工作手册	请根据你设计的3天2夜研学旅行线路,编制工作手册

 # 任务一 签订合同

任务导入

该学校确定选择小李所在的旅行社承办下一学年的研学旅行活动,现在准备签订采购合同,确认相关细节。请问合同有哪些版本?签订时有哪些注意事项?

任务解析

2016年,教育部等11部门发布的《关于推进中小学生研学旅行的意见》中指出:学校委托开展研学旅行,要与有资质、信誉好的委托企业或机构签订协议书,明确委托企业或机构承担学生研学旅行安全责任。本任务围绕研学旅行活动签订合同的版本和注意事项展开阐述,帮助学习者学会签订合同的相关事宜。

任务重点

了解合同版本。

任务难点

掌握签订合同的注意事项。

任务实施

一、旅游合同的定义

目前暂未有研学旅行专项合同,本章按照《中华人民共和国旅游法》当中对包价旅游合同的定义:"包价旅游合同,是指旅行社预先安排行程,提供或者通过履行辅助人提供交通、住宿、餐饮、游览、导游或者领队等两项以上旅游服务,旅游者以总价支付旅游费用的合同",来介绍研学旅行签订的合同。

旅游合同是指平等主体的旅游者与旅行社之间设立、变更、终止民事权利义务关系的协议,是旅行社提供旅游服务、旅游者支付旅游费用的合同。这里的"旅游服务"是指安排旅程及提供交通、餐饮、住宿、导游及其他有关服务。旅游服务合同是有关部门受理投诉、司法部门审理案件的重要依据,是保护旅游者与旅游经营者合法权益的重要手段。其目的在于保障旅游者和旅游经营者的合法权益,规范旅游市场秩序,保护和合理利用旅游资源,促进旅游业持续健康发展。

二、旅游合同版本

旅游合同分为示范文本和备案文本。示范文本由旅游管理部门和工商管理部门联合制定,备案文本是旅游企业按照《中华人民共和国旅游法》《中华人民共和国民法典》等签订的合同,并报工商管理部门备案后使用。

三、未成年人的旅游合同签订

完全民事行为能力人签订的合同是具有法律效力的,受法律保护。如果未成年人是限制民事行为能力人,订立的合同与其民事行为能力不符的,则经法定代理人代理同意或追认,合同才有效;而未成年人是无民事行为能力人的,所订立的合同无效。

《中华人民共和国民法典》第十八条规定,成年人为完全民事行为能力人,可以独立实施民事法律行为。十六周岁以上的未成年人,以自己的劳动收入为主要生活来源的,视为完全民事行为能力人。第十九条规定,八周岁以上的未成年人为限制民事行为能力人,实施民事法律行为由其法定代理人代理或者经其法定代理人同意、追认;但是,可以独立实施纯获利益的民事法律行为或者与其年龄、智力相适应的民事法律行为。第二十条规定,不满八周岁的未成年人为无民事行为能力人,由其法定代理人代理实施民事法律行为。

四、旅行社责任险

2010年,国家旅游局第14号令公布实施的《旅行社投保旅行社责任保险办法》第三条规定,旅行社责任保险是指旅行社根据保险合同的约定,向保险公司支付保险费,保险公司对旅行社在从事旅游业务经营活动中,致使旅游者人身、财产遭受损害应由旅行社承担的责任,承担赔偿保险金责任的行为。

2010年,国家旅游局、中国保险监督管理委员会第35号令公布实施的《旅行社责任保险管理办法》第二条规定,在中华人民共和国境内依法设立的旅行社,应当依照《旅行社条例》和本办法的规定,投保旅行社责任保险。本办法所称旅行社责任保险,是指以旅行社因其组织的旅游活动对旅游者和受其委派并为旅游者提供服务的导游或者领队人员依法应当承担的赔偿责任为保险标的的保险。

五、旅游意外伤害保险

旅游意外伤害保险是对旅游者在旅游过程中,因发生意外事故导致旅游者的生命或身体受到伤害而进行赔偿的一个险种。

相对意外险来说,旅游意外险是一种比较有针对性的外出旅游保险。其一,在保障内容上,除普通意外险的身故、残疾、意外伤害医疗、意外住院津贴等保障之外,旅游意外险根据各个险种不同,还有航班延误、行李证件损失、紧急救援服务等方面的保障。其二,针对旅游期限不同,我们可以自由选择不同天数的保险期间来投保。其中,短期旅游意外险的保障费用会比长期旅游意外险的保障费用稍低。

六、研学旅行学生意外伤害保险

研学旅行学生意外伤害保险的标准包括以下内容。

(一)适用范围

保险适用于参加研学旅行的学生。

(二)保险期限

保险期限通常与研学旅行的时间相匹配,一般为数天至数周。

(三)保险责任

保险公司将承担学生在研学旅行期间因意外事故导致的意外伤害医疗费用和治疗费用。

（四）承保范围

保险一般承保研学期间内发生的意外伤害,如交通事故、坠落、意外摔倒等。

（五）保险金额

保险金额根据学校或旅行组织的要求而定,通常包括意外伤害医疗费用、住院津贴、伤残赔偿金等。

需要注意的是,以上内容仅为一般性描述,具体的研学旅行学生意外伤害保险标准可能会因保险公司、学校或旅行组织的要求而有所不同。建议在购买保险前详细阅读保险条款,了解具体的保险责任和限制条款。如果有具体需求,建议咨询专业保险公司或相关机构以获取更准确的信息。

学生购买研学旅行保险后,如果在研学旅行活动中发生意外,需要进行理赔。理赔具体流程如下。

(1)第一时间报案。

学生在发生意外后,应立即通知保险公司,并按照保险公司的要求提供相关的证明材料,如医疗证明、事故证明等。

(2)提交理赔申请。

学生或学生家长需要填写理赔申请表,并提供相关的证明材料。理赔申请表一般可以在保险公司的官方网站上下载。

(3)理赔审核。

保险公司会对理赔申请进行审核,核实相关的证明材料。如果需要进一步调查,保险公司可能会派人前往事故现场进行调查。

(4)理赔结算。

旦理赔申请通过审核,保险公司将根据保险合同的约定,向学生或学生家长支付相应的赔偿金额。

七、场地险

场地险属于责任险。场地险又叫场所责任险,是指被保险人在保险合同承保的固定场所发生意外事故时可以获得赔付的险种。其赔付包括两个条件:一是事故必须发生在被承保的固定场所,比如房屋、景区等;二是事故发生的原因是固定场所管理不善或者是结构缺陷。

八、校方责任险

此险种由学校作为投保人,旨在保障学校在因过失导致学生人身伤害或财产损失时获得经济赔偿。这种保险通常覆盖学生在校园内或学校组织的活动中发生的意外事故。当学校因非主观过失导致学生人身伤害或财产损失时,保险公司将承担相应的经济赔偿责任。校方责任险的保险对象包括取得合法资格的教育机构,如幼儿园、小学、中学、职业学校等。保险责任范围可能包括但不限于学校的校舍、场地、公共设施不符合安全标准,安全管理制度疏漏,提供的物品不符合卫生、安全标准,以及教师或其他工作人员的不当行为等。

九、购买研学旅行相关保险的注意事项

购买合适的保险是确保研学旅行安全顺利进行的重要保障措施之一。家长和学生应该认真选择并购买相关保险,以确保在旅行过程中得到充分的保障和支持。购买时需注意:

(1)了解保险条款和保障范围,确保所选保险能够真正满足研学旅行的需求;

(2)注意保险的有效期和保险金额,确保保险期限覆盖整个研学旅行过程,并且保险金额足够应对可能的风险;

(3)了解保险公司的信誉和服务质量,选择有良好口碑和专业服务的保险公司。

保险业专业术语

【工作任务单十六】

如果研学过程中学生发生意外,请阐述保险理赔的流程。

旅游相关保险类型

任务二　匹配供应商

任务导入

研学旅行的实施需要多个供应商的合作,承办方旅行社在与多个供应商签订框架协议后,具体到为每个研学旅行团匹配供应商的时候,有哪些注意事项?

任务解析

本任务围绕承办方与多个供应商签订框架协议，重点分析如何匹配合适的供应商以及选择住宿、交通工具、餐厅、同业代理商时的注意事项，并阐述了向各服务供应商询价、签订接待计划和传真文件的要求，帮助学习者学会匹配供应商。

任务重点

了解匹配供应商的注意事项。

任务难点

掌握匹配供应商的注意事项、向供应商询价。

任务实施

一、匹配合适供应商的条件

承办方旅行社应根据不同线路的档次、路线安排、价格利润等需求，在公司签订框架协议的服务供应商资料库中进行选择，给不同的研学旅行团匹配较为合适的供应商。选择时应注意以下方面。

（一）供应商的信誉和资质

在选择住宿供应商时，需要确认其信誉和资质，查看其经营许可证、营业执照等相关证照，确保其处于合法经营状态。同时，可以通过网络搜索、咨询其他旅行社或旅游者等方式，了解供应商的口碑和服务质量。

（二）合同和保险

在与住宿供应商签订合同前，需要认真阅读合同条款，了解其包含的内容和责任分配情况。同时，还需要确认供应商是否购买了相关的保险，以保障学生在研学旅行过程中出现意外时能获得赔偿。

（三）价格和性价比

在选择住宿供应商时，需要考虑其价格和性价比。不仅要关注价格本身，还要综合考虑住宿条件、服务质量等因素，选择性价比较高的供应商，确保研学旅行的经济效益。

（四）数量

在一个地区，每年度宜选择数家不同类型的供应商，以便对质量和价格进行比较。

二、选择住宿时的注意事项

找到适合的住宿地点是编排行程的重点,选择时应注意以下方面。

(一)位置和交通便利性

研学旅行出行时间有限,尽量不要浪费多余的时间在路上,所以住宿位置的选择与研学资源点的安排有连带关系,尽量以邻近或顺路为原则。

(二)安全和卫生条件

确保供应商提供的住宿环境符合安全和卫生标准。应检查其住宿设施是否齐全、环境是否整洁、是否有足够的床位和浴室等。

(三)条件和服务质量

需要实地考察住宿场所,除了了解其设施、卫生、安全等方面的情况外,还需要了解供应商提供的服务质量,如接待流程、服务态度、应急保障等,确保其能够满足研学旅行的需求。

(四)封闭分区管理

中小学生的研学旅行住宿场所最好选择各级教育管理部门认定的研学实践教育营地,但目前市面上的研学实践教育营地远远不能满足中小学生研学旅行的需求,故有时也会选择星级酒店或经济型酒店作为研学旅行住宿场所。为研学旅行的中小学生选择酒店时,一定注意封闭管理,男女分区,方便带队教师巡查和管控。

三、选择交通工具时的注意事项

旅行交通的选择主要从安全、舒适、便捷、经济等四个方面考虑。

在旅游行程中的交通分为大交通和当地交通两类。大交通大多是指从客源地到目的地的远距离交通,大多选择航空、高铁等。当地交通一般是指研学实践教育基(营)地与各研学资源点之间的近距离交通,交通工具大部分以大型游览车为主,其均摊费用较低。选择各类型交通工具应注意的事宜如下。

(1)选择航空公司和票务代理公司时,应注意工作配合、付款方式及联络是否便捷、价格是否有竞争力、班次与机位是否满足需求等。中转时应注意时间衔接和各段航线航空公司的配合。

(2)选择铁路交通时,应注意抵达时间与出发时间、列车类型、铺座等级和票额等。

(3)旅游客车作为旅游过程中使用较多的交通工具,选择时应注意车型车况、有无独立行李存放区等,这些都会对旅游者乘坐舒适度产生影响。

(4)较长距离的游程注意交通工具的搭配使用。交通工具的选择也影响旅游成本,所以规划时要考虑预算。

四、选择餐厅时的注意事项

所谓"民以食为天",旅行过程中每天都会安排到用餐,为中小学生安排餐食所需考虑的内容如下。

(一)区位

选择餐厅,以行程中顺路作为首选指标,特别是中午的餐食,除非是有强烈理由一定要专程前往某餐厅用餐,基本上不建议为了用餐而长途跋涉到不顺路的餐厅用餐。

(二)环境

环境是餐厅的门面,要考虑餐厅的卫生状况与舒适度,以免降低旅游品质。

(三)餐食

中小学生餐食参照卫生行业标准《学生餐营养指南》(WS/T 554—2017)安排。

五、选择同业代理商时的注意事项

(一)考虑公司规模与管理品质

公司管理品质包含在旅游资源、当地旅馆、航空公司及相关服务方面的议价能力以及旅行社的经营能力、旅游者的调度能力、导游人员的数量等。选择境外代理商也要衡量其公司中的中文导游的多寡、对国内游客和旅游市场的了解程度及适应程度等。

(二)报价和服务品质

价格永远是重要的因素,出境业务在汇率不断变动下,以何种币制来结算,付款的期限是何时,是否能提供利润共享制度等。

(三)组团社与代理商的匹配度

代理商如果市场占有率过高,业务量大且操作娴熟,但应变性不强,追求品质或有个性需求的特殊团体业务交给他们代理未必是最佳选择。

六、向各服务供应商询价时的注意事项

旅行社与服务供应商签订框架协议后,为每个团队采购的时候,会根据旅游团队相关信息对各个服务供应商进行询价,询价时的注意事项有以下几个方面。

(一)住宿

(1)按照组团社(校方)对于住宿的要求,筛选符合条件的酒店或营地。注意地理位置、房间类型、基础设施、管理水准、人员素质、周边环境等方面的差异对住宿价格的

影响。

(2) 掌握酒店各时节的价格水平、房价是否含餐、餐食为中式或西式、结算方式等情况。

(3) 选择酒店或营地后,确认团队抵达期间该酒店或营地是否有足够房源提供。

(二) 交通

(1) 选择火车、飞机等交通工具时,应注意铺座等级、舱级等的价格差异。

(2) 选择汽车作为交通工具时,应根据大致路线、用车大小、车型要求等询问价格。

(三) 用餐

根据团队在行程中用餐次数、用餐标准等询问用餐费用及基本餐单。

(四) 研学旅行课程

对研学旅行课程进行询价时应注意其价格是否包含教具以及授课时长、师生比等事项。

七、签订接待计划的要求

(1) 服务供应商应提供的具体服务内容和服务标准;

(2) 具体结算价格、币种、结算方式及时间等;

(3) 双方签字盖章确认。

对于不同类型的服务供应商,签订接待计划还应注意以下事项。

1. 住宿

团队订房须确定房间类型、结算价格、房间数量、入住时间、离店时间、付款方式、入住名单(需要时)、带团陪同人员姓名、联系电话、陪同人员人数、陪同房价、早餐方式(地点、标准)、有无特殊要求等内容。

2. 餐饮

应与定点餐厅签订合作协议,接待计划应明确餐费标准、基本菜单、结账方式等。

3. 交通

预订汽车服务时应注意汽车正座数、车型、车况、品牌及性能、司机服务规范、营运手续、价格及结算方式等。

4. 研学旅行课程

预定研学旅行课程应明确授课时长、地点、教师配比、价格及结算方式等。

八、传真文件及电子邮件要求

旅行社与服务供应商的业务往来一般以传真或电子邮件的形式完成,如果使用得当,传真或电子邮件也是具有法律效用的。

传真文件及电子邮件应达到以下要求：

(1) 须使用公司统一形式的信函,具备公司标识、全称、地址、电话、电子邮箱等信息；

(2) 应标明发件人姓名、联系电话、传真电话、电子邮箱等；

(3) 应标明收件人单位名称、联系人、联系电话、传真电话、电子邮箱等；

(4) 发文内容表述清晰、有条理；

(5) 发送传真及电子邮件后应确认对方是否收到,提醒对方及时回复。

【推荐阅读】

《学生餐营养指南》(WS/T 554—2017)

【工作任务单十七】

请简要概括采购协议的传真文件及电子邮件应有哪些要素。

微课

匹配供应商注意事项

资源链接

任务三　签订接待计划

🔵 任务导入

车辆调度小张今天接到本周3个研学旅行团的用车计划,分别是10号D实验中学156人用车赴X中小学素质学校,11号E小学320人赴Y青少年营地,11号F中学262人赴Z中小学生实践学校。他计划将这三个用车计划发给某车队,请问他应如何操作？

🔵 任务解析

本任务对采购车辆服务、车队合作、安排车辆的注意事项等展开阐述,同时重点分析旅行社车辆计划调度人员接到用车计划后的工作流程和内容,帮助学习者掌握订车用车工作要求。

🔵 任务重点

了解用车服务的注意事项、采购车辆服务的步骤、接到用车计划后的工作流程和内容。

🔵 任务难点

了解旅行社采购车辆服务的步骤。

🔵 任务实施

一、采购车辆服务时的注意事项

车辆调度人员进行订车操作的时候,必须根据乘坐人数和用车要求调度车辆,应熟悉常见的旅游车的品牌、座位数、有无行李箱等。

二、用车服务的价格和哪些因素相关

各家车队的服务质量、运营成本不一,相同路线的车辆服务价格会有所差异。另外,车辆服务的价格还与车的型号品牌、车辆的新旧程度、运载距离和运行时间等因素相关。

三、旅行社和车队的合作方式

旅行社对旅游车队要多方选择,重点培养,建立长期、稳定的合作关系,当需用车服务时,车辆计划调度人员可根据本次旅游团队的特点和要求,综合考虑各种因素,选择合适的旅游车队作为服务供应商。

旅行社在选择合适的车队后,需要与车队签订采购合同。旅行社的采购多是小而重复的,所以合同大多由框架协议和订单合同两部分组成。框架协议一般是年度合同,约定的内容是大方向的合作,明确双方的企业信息、合作范围和权利义务等;订单合同是框架协议下的具体细化,是旅行社每次根据旅游团队的具体用车需求与车队确认的用车信息及结算金额等内容。

四、旅行社安排车辆时的注意事项

在选择合适的车队后,具体安排车辆时需注意车辆是否具有合法的营运资质、车

型是否合适、车况是否良好、司机的驾驶技术是否合格、正座数与乘坐人数是否匹配、价格是否合理等。

（一）车辆的营运资质

按照我国对营运客车的相关规定，旅游用车应有道路运输管理部门颁发的"包车客运牌"，俗称包车牌。包车业务是指道路运输管理机构对从事包车客运的经营者根据其经营资质、开业条件及当地的包车客运市场实际情况作出的许可。包车客运牌分为省际包车客运牌、市际包车客运牌、县际包车客运牌等，省际、市际、县际指的是允许客运经营者从事包车客运的经营范围。

（二）安全性

旅游客运车辆的安全性是最重要的考虑因素。确保旅游客运车辆符合所有的安全标准，包括刹车系统、转向系统、发动机和轮胎等关键部件，以及车内的座椅、空调和安全带等设施，车辆应定期进行安全检查。

（三）驾驶员资质

驾驶员需要有相应的驾驶执照和丰富的驾驶经验，熟悉路况和交通规则。同时，驾驶员还需要具备良好的驾驶道德和责任心，以确保研学旅行团的出行安全。

（四）座位容量

根据研学旅行的人数和需求选择适当座位容量的旅游客运车辆。车辆的正座数一定要大于乘坐人数，乘坐人数必须包含工作人员。如安排的小型车辆无单独存放行李的空间，一定要预留1—2个座位放置行李，并对行李进行合理摆放及捆绑，防止其在行车过程中倒滑。

2016年4月，国家旅游局与交通运输部联合发布《关于进一步规范导游专座等有关事宜的通知》（旅发〔2016〕51号），要求如下。

（1）旅游客运车辆需设置"导游专座"。"导游专座"是指旅游客运车辆在提供旅游服务时，为导游人员设置的专用座位。"导游专座"应设置在旅游客运车辆前乘客门侧第一排乘客座椅靠过道侧位置；旅游客运企业在旅游服务过程中，应配备印有"导游专座"字样的座套；旅行社制订团队旅游计划时，应根据车辆座位数和团队人数，统筹考虑，游客与导游总人数不得超过车辆核定乘员数。

（2）旅游客运车辆需确保车内逃生通道顺畅。自2016年8月1日起，新进入道路运输市场的营运客车不得在车厢内任何位置设置折叠座椅，在用营运客车的折叠座椅不得使用。各级交通运输部门在开展客车等级评定时，不再对客车折叠座椅进行核定。车内通道不得堆放行李和其他障碍物，逃生装置要定期维护、标识清晰，确保正常使用。

（3）旅行社及旅游客运企业需加强导游和司机的安全教育。旅行社应要求导游熟悉旅游行程计划，在车辆启动之前与司机充分沟通行车路线、停靠站点等，避免在行车过程中影响司机正常驾驶;导游应自觉系好安全带,避免站立讲解,并配合司机督促游客系好安全带。旅游客运企业应督促司机严格遵守道路交通安全和道路运输管理法律法规,不超员、不超速,安全文明驾驶,行车之前播放《游客安全乘车温馨提示》宣传片,提醒游客阅读安全须知,增强安全意识。鼓励导游和广大游客对不按规定设置导游专座等不安全行为进行举报。

(五)保险

确保旅游客运车辆服务供应商有适当的保险覆盖,以应对可能发生的意外情况。

(六)舒适性

乘客的舒适度也很重要。应选择有足够腿部和头部空间的旅游客运车辆,座椅应该舒适且可调节。此外,旅游客运车辆应该有良好的空调和通风系统,以确保乘客在旅行过程中的舒适。

(七)适应性

旅游客运车辆应该按时出发并准时到达目的地,并能够适应不同的路况和天气条件。在选择旅游客运车辆时,应查看他们的服务记录,考虑研学旅行的目的地和可能的路况。

(八)价格

了解旅游客运车辆的使用费,包括车辆租赁费、油费、路费和停车费等,以确保费用在可控范围内。同时,应注意避免因为价格过低而导致牺牲服务质量和安全性。

(九)服务

良好的服务是影响旅游客运车辆供应商选择的另一个重要因素。供应商应能提供良好的服务,包括协助乘客上下车、提供水和零食等。

五、旅行社车辆计划调度人员在接到用车计划后的处理方式

(一)分析用车计划

接到旅游团队的用车计划后,车辆计划调度人员应仔细研究不同类型旅游团队的特点,查看人数、车型、车况、车价等要求。

(二)选择车队及车辆

车辆计划调度人员可根据订单要求以及合作车队的信誉档案、司机队伍、用车价格等因素选择该团队的合作车辆及车型。

（三）预订车辆

车辆计划调度人员选择合作车队后，向合作车队提出具体用车要求。以短信、电子邮件、电话等方式向合作车队告知用车要求并确认价格，通报旅行团队的活动日程，以便合作车队在车型、驾驶员配备等方面做好准备。

（四）书面传真或电子邮件确认

根据人数、要求安排用车，以传真或电子邮件的方式向车队采购交通服务，发送用车计划单并要求对方书面确认。

合作车队接到旅行社用车计划单后要回复确认。合作车队应在回复的用车计划单上盖章并由授权代表签字确认。如合作车队收到用车计划单后对其有做修改的，必须通知旅行社。

（五）行前查验

合作车队应在旅行社用车前，向旅行社发送符合要求的用车计划单及加盖车队公章的车辆证件、司机证件复印件等，供旅行社存档备查。用车计划单见表6-1。

出发前，旅行社车辆计划调度人员要核实车辆落实情况，再次确认所用汽车的车型、司机的姓名及联系方式等情况，提醒合作车队应注意的事项，并查验车辆保险单据、车辆营运证及车队出车路单、核对服务价格及付款方式等。

表6-1　用车计划单

收件人(To):张××	发件人(From):方××
单位:杭州××车队	单位:杭州××旅行社
电话:×××××	电话:×××××
传真:×××××	传真:×××××

张经理：

您好！烦请安排我社本周末（团号<u>NCN20230416la02A</u>）用车服务。

4月9日、12日分别用车3辆45座旅游大巴。9日上午8点从××学校（××路××）出发前往临安××营地，宿临安。12日13:30从××营地返回××学校。

费用：××××元（全含、挂账）。

烦请安排！请确认回传。

车队操作人确认	发件单位操作人确认
车队盖章	发件单位盖章
年　月　日	年　月　日

备注：

(1) 保证所提供的车辆、司乘人员必须符合国家行业规范的规定要求。

(2) 确保车辆车况良好，司机驾驶经验丰富，熟悉沿途及路况，待人礼貌，服务热情，保持车内卫生，确保话筒、空调、电视等电子设施正常使用。

(3) 如行程有变更、取消，应在出发前两天通知对方，造成对方损失的，双方协商解决。

(4) 所订车辆在研学旅行承办方一经确认，车队不能随意调换，否则，造成的损失由车队全部承担。

(5) 如行程中车辆出现故障，车队应及时采取补救措施，造成的损失由车队负全责。

(6) 司机住宿标准同导游。

六、用车计划单在确认后发生变更的处理方式

旅游团队在出发前会出现人数增减、行程变更或是取消等情况,如导致用车计划单确认后发生变更,旅行社车辆计划调度人员应及时通知车队,并发送用车变更单,以收到回复为准。用车变更单样表如表6-2所示。

表6-2 用车变更单

收件人(To):张××	发件人(From):方××
单位:杭州××车队	单位:杭州××旅行社
电话:××××××	电话:××××××
传真:××××××	传真:××××××

张经理:

您好!感谢贵单位的支持,我公司的用车计划有所变动,现将变更单发送给您,请确认回传。感谢!

团号	变更事项	原定内容	变更事宜
NCN20170416la02A	正座数	45座旅游汽车	35座旅游汽车
	费用(元)	2300	2000

车队操作人确认	旅行社操作人确认
车队盖章	旅行社盖章
年 月 日	年 月 日

七、用车后的费用结算方式

用车结束后,旅行社与旅游车队按照事先达成的协议及相关收费标准,及时结算用车费用并做好售后服务。

旅行社用车费用的结算通常有每月结算一次、一团一清等方式,具体方式由旅行社根据用车服务框架协议决定。如约定每月结算一次,双方在每月约定日之前核对上个月"订车单"及服务费,按照结算日期和核对金额结算。如约定一团一清,使用旅游车辆结束后,双方根据约定期限与结算方式结算费用。车队应提供符合税法规定的发票,旅行社收到发票后应在约定时间内付完款项。

八、用车后的工作事项

旅行社车辆计划调度人员要将用车计划单及传真文件或电子邮件作为原始资料归存,建立档案,以便查阅,为今后合作积累资料。

车辆计划调度人员应关注旅行团队游行过程中旅游车的车况及司机服务质量等情况。

旅行团队结束行程后,车辆计划调度人员要根据游客意见单对交通服务的进行反馈,做好该车队用车情况的总结,作为以后合作及谈判的依据。

【推荐阅读】

《旅游客车设施与服务规范》(GB/T 26359—2010)

【工作任务单十八】

请结合本项目学习情境的订车要求,起草用车计划单。

资源链接

任务四　起草学生手册

🔘 任务导入

该学校已选定小李设计的3天2夜研学旅行方案,现在需要小李针对这个方案起草学生手册。学生手册应该怎样设计？应该包含哪些内容？如何编排才合理？

🔘 任务解析

学生手册既是研学活动的指导工具,也是研学旅行课程的学习教材,是研学旅行课程的"综合性教材",能设计专业实用的学生手册是研学旅游指导师的必修课。本任务围绕学生手册的基础知识、意义和设计原则展开阐述,系统分析学生手册编制的流程、主要内容和装帧设计的要求。

🔵 任务重点

掌握学生手册的基础知识、意义、编制的流程和主体内容。

🔵 任务难点

掌握学生手册的主体内容。

🔵 任务实施

一、了解学生手册的基本知识

（一）学生手册的定义和意义

学生手册是研学旅行课程研发中所编撰的研学任务用书，是集预习卡、学习单和评价表于一体的综合性手册，其根本任务在于为学生的研学旅行课程提供指导，检验学生的学习成果，它不仅是一本指导手册，更是一个全面的学习工具，帮助学生更好地参与研学旅行课程，提升学习效果。

学生手册作为连接师生的重要桥梁与研学旅行课程的重要载体，具有重要的意义。首先，学生手册作为研学旅行课程的指导书，能帮助研学旅游指导师迅速了解课程目标和重点，指明学习方向，突出教学重点。其次，学生手册详细列出了研学任务的目的、要求和步骤，手册中的预习卡、学习单和评价表等能为学生提供清晰的学习方向和方法，使学生能够更明晰学习目标，从而有针对性地进行学习和探索。最后，学生手册还扮演着"留声机"的角色，学生可在手册中记录学习过程、观察结果和心得体会，方便学生在未来学习和生活中查阅、巩固所学的知识要点。同时，研学旅游指导师可以通过学生学习记录评估学生的学习进度和效果，以便及时调整教学策略和方法。

（二）编制学生手册的原则

1. 内容科学严谨

学生手册应全面涵盖研学旅行的主题、目标、内容、实施步骤及评价方式等，确保每一环节都有明确的指导。为满足学生的学习和出行需求，手册应清晰阐述学习纪律、活动要求、任务分配、方法步骤及评价方式等，语言要准确、简洁，图表要规范，切实帮助学生完成研学旅行课程的学习。在研发起草过程中，可根据具体课程目标、内容、形式等进行编排，针对具体需要适当删减和延伸。

2. 引导自主学习

手册要"以学生为中心"，围绕"是否方便研学旅游指导师操作"的角度进行设计，学生手册不仅是研学旅行的指导手册，更是学生自主学习的重要工具。通过手册，学生在行前可以预习相关知识，行中可以记录观察与思考，行后可以整理所学、所思、所闻,从而提高研究性学习的能力。

3. 形式新颖有趣

学生手册要以学生为中心,注意视觉与内容的融合,做到新颖有趣、图文并茂,使手册既实用又美观,有较高的可读性和吸引力;同时,要关注学生手册的便携性,方便学生在研学过程中随时查阅,不要让学生手册成为摆设,甚至成为学生的负担(见图6-1)。

图6-1 "第一目击人——应急救护员"研学旅行课程学生手册的行中任务

(三)学生手册编制流程

研发编制学生手册是教育性、综合性和专业性很强的工作,是伴随研学目的地考察踩点、课程线路设计、目的地学习资源分析、教与学方式设计等一系列课程建设要素选取而进行的,需要综合考虑搭建框架、确定主题、划分板块、组织材料、恰当呈现等要素,一般来说,学生手册的编制流程主要有以下七个步骤。

1. 确定研学目标和内容

设计学生手册时,应先提取研学旅行线路要素,明确研学线路中所涉及的课程资源,厘清研学要素,确认哪些是研学旅行活动的要素,哪些可以作为拓展延伸的资源,确立研学活动的核心目标与内容,包括但不限于活动主题、具体安排、参与者名单、活动地点及安全须知等。

2. 设计样式布局

根据课程主题和课程时间分配,以及学生的学情和精力,基于研学活动的独特性与目标,搭建学生手册的框架,综合考虑封面设计、目录结构、版式布局及字体选择等,有选择地对各要素的优先级进行排序,确保手册既美观又实用。

3. 编写手册内容

基于研学的目标与内容,撰写手册的详细内容,包括研学活动简介、活动日程、注意事项、安全指南等,从课程、安全、出行和预习等四个方面搭建脚手架,帮助学生快速掌握研学旅行所需知识,给予学生自主学习的指导。

4. 审核完善手册

完成初稿后,研发团队进行全面审核,确保内容无误,可以小范围测试应用,根据使用情况和反馈意见进行修订,对手册的外观与内容结构进行最后调整,以达到最佳效果。

5. 印刷装订手册

将经过审核与修订的手册按需进行专业印刷与装订,确保手册印刷清晰、装订牢固,整体美观大方。

6. 分发使用手册

将制作好的手册及时分发给参与研学活动的师生,供他们在活动中使用和参考。

7. 完善提升手册

鉴于研学旅行课程建设的动态性,学生手册的研制也需要与时俱进,不断修改完善。在知识性与趣味性、实用性与价值性相统一的前提下,根据师生的使用反馈,持续优化手册内容,切实助力研学旅行目标的达成。

二、学生手册主体内容

学生手册的内容基于具体研学旅行活动课程而设计,对应研学活动的行前、行中、行后三个阶段。学生手册的使用也贯穿行前、行中和行后三个阶段,在不同的阶段,学生手册发挥的作用不一。在行前阶段,学生通过预习卡了解研学旅行任务的基本知识和背景信息,为即将到来的研学旅行活动做好准备;在行中阶段,学生利用学习单进行实地观察、实验和研究,记录自己的发现和思考;在行后阶段,学生则通过成绩册对自己的学习成果进行总结和反思,巩固所学知识,并为未来的研学活动积累经验。因此在设计学生手册时,要针对不同阶段设计不同的内容,包括行前自主学习、行中研学任务、行后拓展评价三个部分。

(一)行前自主学习

行前自主学习部分是学生必不可少的工具性阅读材料。学生在出行前通过自主阅读,或在老师的指导下了解学生手册的基本内容,解答疑惑,在帮助下完成行前准备工作,其内容主要包括前言概要、安全须知、出行指南、知识储备四个部分。

第一部分:前言概要。

前言作为学生阅读手册的第一部分,语言应当简短、精练、准确,充分回答学生"去哪里?""体验什么?""研究什么?"等基本问题,可以划分为课程设计综述和课程内容引入两个部分,让他们了解本次研学旅行课程的设计思路和意义,了解研学旅行目的地和总体目标,内容可以包括研学旅行的目的、课程要求、手册使用要求、研学旅行目的地简介等信息,语言风格以轻松、活泼为主,以拉近与学生的距离,激发学生的学习兴趣,使学生对研学旅行课程有初步的了解。

如广西国泰民安应急救援有限公司、广西趣实践教育管理有限公司和指导单位广西中小学研学旅行学会劳动教育专业委员会联合推出的"第一目击人——应急救护员"课程的学生手册,它以开营寄语的方式将研学旅行课程的基本信息和要求传达给学生,行文活泼有趣,简明扼要。

> 亲爱的同学们:
> 你们好! 欢迎大家参加本次研学活动!
> 应急救护是指在发病或意外伤害的现场,在专业医护人员抵达现场之前对伤病员采取的救助行动,所以也叫"现场急救"。施救人员即应急救护员,也称为"第一目击人"。他们的使命就是要在伤患送到医院之前,第一时间用所掌握的急救技能做紧急处理,为抢救伤患争取宝贵的"黄金时间"。
> 你是否想要拥有他们拯救生命的各种本领? 或者你长大了,也想加入他们的队伍? ——相信通过本次研学活动,你一定能对应急救护员有更多的了解!
> 准备好了吗? 小小应急救护员们马上出发!

同时,在此部分,可提供目的地地图和研学线路图,帮助学生了解研学旅行目的地的地理位置,方便做出行准备和知识储备。如"'绣'出文旅新花样,激活乡村振兴新引擎"研学旅行目的地资源分析如下。

> 靖西旧州古城景区中小学研学实践教育基地,是广西第三批自治区中小学生研学实践教育基地,是"中国绣球之乡",距离广西靖西市城南8公里,以制作壮族传统工艺品"绣球"闻名于世,民俗风情浓郁,有着"壮族活的博物馆"之美誉。绣球是旧州主要旅游资源,小绣球萌生大产业,每年吸引大量游客慕名而来,带动当地民众增收致富,也在一定程度上促进非物质文化遗产的传承。但目前旧州的旅游体验不强,游客大多"走马观花"。如何使游客在乡村旅游中摆脱"走马观花"的粗浅形式,达到"下马赏花"的深度体验,是一个迫切的课题。

第二部分:安全须知。

研学旅行要坚持安全第一,建立安全保障机制,明确安全保障责任,落实安全保障措施,确保师生安全。此部分重点明确安全须知事项,加强本次活动的安全管理,增强指导教师、学生的安全意识,确保师生在活动中的安全,使研学活动得以顺畅安全进行。安全须知围绕着认真落实各项安全措施、教育学生遵守各项安全法律法规、引导学生学习掌握一定的自我保护能力,确保达成交通安全、食宿安全和活动安全的目标进行撰写。针对学生在研学旅行活动时易出现的安全隐患进行安全教育,一般包括安全注意事项、组织纪律要求、出行常识、应急处理办法、带队领导老师名单信息和联系方式、常用应急联系方式等。通过出行、交通、旅行和就餐等环节,引导学生学习文明交往、文明交通、文明旅游等文明礼仪知识;若研学旅行过程中有骑马、徒步、攀岩、皮划艇等特殊活动,须进行专门的安全指导。

第三部分:出行指南。

本部分为学生的出行提供详细的信息参考,便于学生准备学习生活用品,做好行前准备,也便于家长了解研学旅行课程的相关信息,包括研学旅行日程安排、携带行李清单、交通住宿安排、活动分组安排等内容,可根据实际需要对该部分进行删减。编写时,要注意核实各项信息,保障信息的有效性,出现变动时要第一时间告知。提醒学生做好研学旅行前的各项准备工作(如活动装备、手机App下载等),在学生手册中标注研学旅行过程中所需的生活物资或学习资料。该部分也可以让研学旅游指导师在行前课中引导学生思考列出行李清单(见表6-3)。

表6-3 "'绣'出文旅新花样,激活乡村振兴新引擎"研学旅行行李清单

分类		物品	行前准备	返程检查
随身背包 (20L左右)		水杯(有密封盖)		
		手机或者电话手表		
		移动电源		
		身份证		
		学生证		
		研学手册		
		雨伞/雨衣		
		驱蚊水		
		口罩1包		
		笔		
		零花钱		
行李箱 (20寸左右)	生活用品和其他	牙刷、牙膏、毛巾		
		洗面奶		
		防晒霜		

续表

分类		物品	行前准备	返程检查
行李箱（20寸左右）	生活用品和其他	班服1件		
		短袖2—3件		
		外套1件		
		休闲长裤2条		
		袜子2—3双		
		睡衣1套		
		内衣裤2件		
		运动鞋1双		
		拖鞋1双		
		太阳帽1顶		
		头灯或手电筒		
		塑料袋(2大2小)		
		晕车贴、风油精等个人药品		
		其他		

第四部分：知识储备。

知识储备部分为学生提供学习的"脚手架"，帮助学生快速掌握所需知识和延伸课题，是行前学习的重要组成部分。该部分引导学生进行预习和资料的收集整理，对研学中所涉及的知识进行回顾和学习，因此要列举本次课程主要涉及的学科知识清单，如可提供研学旅行目的地的历史文化、自然环境与所学知识的联系，完成任务所学的材料、学习导航等，亦可提供阅读书目或网站供学生参考，使学生在参与研学活动之前便初步了解和掌握相关知识，提升课程效果。对一些具有难度的探究问题可布置学生提前搜集相关资料，为学生自主学习提供"脚手架"，激发学生研学兴趣。值得注意的是，如果开展项目式研学活动，可设计一些有针对性、启发性和拓展性、切实可行的探究课题供学生参考。为了保证学习效果，可以由研学旅游指导师或学校老师开展行前课，或者组织学生观看录制好的行前课教学视频，引导学生进行预习并完成相应的任务。表6-4和表6-5是"'绣'出文旅新花样，激活乡村振兴新引擎"研学旅行课程行程和学科知识链接，请以小组的形式展开头脑风暴，讨论其优缺点，提出完善建议。

表6-4 "'绣'出文旅新花样，激活乡村振兴新引擎"研学旅行课程行程

时间	学习内容	授课地点	涉及学科
提前2周16:00—18:00	阅读绣球文化相关材料，激发研究兴趣，培养健康行为	学校	语文、历史
7:30—11:00	启程：南宁—旧州		
11:00—11:40	酒店安全教育	酒店	

续表

时间	学习内容	授课地点	涉及学科
11:40—12:40	午餐:壮乡簸箕饭		
12:40—16:30	选题准备:开展问卷调查,分析绣球文化创新发展困境	旧州景区	语文
16:30—17:30	确定选题:头脑风暴,确定选题	农家餐厅	
17:30—20:30	劳动教育:"烹"然心动,享壮乡美食	亲水长廊	劳动教育
21:00—21:30	围炉夜话	亲水长廊	语文
21:30—22:30	洗漱就寝		
7:00—8:00	起床早餐		
8:00—9:00	晨间律动:振臂抖腕向天抛,五色绣球随歌飞	绣球广场	体育
9:00—12:00	制订计划:提出思路,撰写计划	亲水长廊	综合实践
12:00—13:00	午餐		
13:00—15:30	项目路演:情景模拟,优化调整	亲水长廊	
15:30—18:00	项目实施:巧手备材料,巧思招募人	旧州景区	
18:00—21:00	文化体验:壮乡篝火,狂欢绣球	绣球广场	历史
21:00—21:30	围炉夜话	绣球广场	
21:30—22:30	洗漱就寝		
7:00—8:00	起床早餐		
8:00—11:00	项目汇报:"绣"出文旅新花样,激活乡村振兴新引擎	绣球广场	语文
11:00—12:30	项目评价	绣球广场	
12:30—14:00	午餐、内务整理、收拾行李		
14:00—17:30	返程:旧州—南宁		
结束后两周16:00—18:00	研学主题下的班会公开课汇报	学校	语文

表6-5 "'绣'出文旅新花样,激活乡村振兴新引擎"研学旅行课程学科知识链接

科目	年级	内容
体育与健康	高一	科学发展体能
		塑造健康行为
		我国优秀传统体育文化
		体育精神
数学	高二	抛物线及其标准方程
物理	高一	力和运动的关系

续表

科目	年级	内容
劳动教育	高二	学会独立生活
思想政治	高一	经济与社会
		哲学与文化
		逻辑与思维

（二）行中研学任务（活动指导）

学生手册的设计应与研学旅行课程的任务匹配，做法是将研学旅行课程模块进行拆分，分课程单元进行指引，按照知识结构或研学考察点分模块编写学习任务、学习方式和学习过程，解决"学什么"和"怎么学"的问题。在设计课程模块的研学任务时，需要注重学习情境的真实性、学习内容的综合性和思维培养的整体性，制定详略得当的基础知识考查目标，坚持教育性和安全性的原则，基于学生学情、真实场景和真实问题，设计研学旅行活动的课程任务，确保各项任务立意高远、目标明确，与体验式主题探究活动紧密结合，兼顾体验性和研究性的内容（见图6-2）。如"'绣'出文旅新花样，激活乡村振兴新引擎"学生手册针对高中学段学生的研学旅行课程目标制定研学任务：制作一份调查问卷、学会一首壮乡山歌、完成一个思维导图、形成一份调查结果、制作一道壮乡美食、设计一个活动方案、完成一次活动招募、组织一场篝火晚会、组织一场文旅体验活动九个任务。

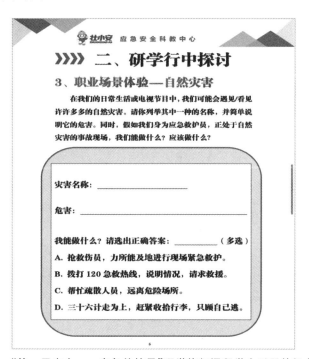

图6-2 "第一目击人——应急救护员"研学旅行课程学生手册的行中任务

在具体的研学任务后,可以考虑以某一课程主题、文章和内容为中心,拓展阅读与其相关的材料,加强与学科知识的联系,使所学的知识网络化、立体化和综合化,扩大学生的视野,引导学生综合运用所学知识,拓展解决任务的办法,同时可以针对某一课程模块,引导学生以游记、思维导图、图画、研学报告等多种方式进行总结回顾,检验学习成效。如"第一目击人——应急救护员"的行后思考是:应急救护员应该具备怎样的素质和技能?我今后应该怎样做才能达到要求呢?如果以后我成为应急救护员,我能为家人、同学、朋友或者有需要帮助的人们做些什么(见图6-3)?

图6-3 《第一目击人——应急救护员》研学旅行课程学生手册的行后思考

(三)行后拓展评价

此部分可以根据研学任务提供的记录页和补充资料,如实验记录页、观测记录页、调查笔记页、地理摄影解读页、空白记录页等,拓展行后思考的课题。教育部等11部门印发的《关于推进中小学生研学旅行的意见》中强调,各地要建立健全中小学生参加研学旅行的评价机制,把中小学组织学生参加研学旅行的情况和成效作为学校综合考评体系的重要内容。学校要在充分尊重个性差异、鼓励多元发展的前提下,对学生参加研学旅行的情况和成效进行科学评价,并将评价结果逐步纳入学生学分管理体系和学生综合素质评价体系。因此,此部分针对任务设计可评可测的评价量标准,以便检验学生在研学旅行中的收获,评估其是否实现了研学目标。在评价时间上,一般可以结合使用过程性评价和终结性评价;在评价主体上,可以结合自评、互评、他评的角度;在评价方式上,可以设计具体分数的量化评价和主观描述的质性评价;在评价内容上,可以针对学习成效和思想品德,将知识与技能、过程与方法相互融合渗透,包括学生对本次研学旅行课程知识、技能和方法的掌握,关注学生的情感、态度和价值观。在手册的设计与编订过程中,教师可视研学旅行课程的时长和特点进行结构的调整(见表6-6)。

表6-6 行后拓展评价

评价项目	行为指标	自我评价	小组评价	教师评价
激发研究兴趣,培养健康行为	(1)针对安全、财物和生活管理、学习纪律用"T型表"制定小组研学课堂公约并遵守,小组成员分工明确。 (2)针对"'绣'出文旅新花样,激活乡村振兴新引擎"的主题设计不少于10个题目的调查问卷,问卷设计合理	□优秀 □良好 □继续努力	□优秀 □良好 □继续努力	□优秀 □良好 □继续努力
选题准备:开展问卷调查,分析绣球文化创新发展困境	(1)能利用思维导图或鱼骨图梳理绣球文化的发展脉络和文化内涵,了解绣球文化传承的情况和形态,逻辑清晰。 (2)小组分工,向绣球文化传承人、旅游从业者、游客发放不少于30份的问卷,并进行数据统计。 (3)能科学分析调查数据,归纳总结绣球文化传承存在的问题	□优秀 □良好 □继续努力	□优秀 □良好 □继续努力	□优秀 □良好 □继续努力
确定选题:头脑风暴,确定选题	(1)小组开展5分钟的头脑风暴,分析绣球文化传承陷入困境的原因(至少3个)。 (2)小组围绕"'绣'出文旅新花样,激活乡村振兴新引擎"的主题,以体育为形式,结合当地资源、小组的兴趣和优势,设计能实现旧州旅游体验多样化的产品,开展30分钟的头脑风暴,提出绣球文旅创新思路(至少3种)。 (3)各组轮流分享想法,开展批判性反馈和反思,最终凝练出探究选题,选题应新颖可行	□优秀 □良好 □继续努力	□优秀 □良好 □继续努力	□优秀 □良好 □继续努力

续表

评价项目	行为指标	自我评价	小组评价	教师评价
文化体验:壮乡篝火,狂欢绣球	(1)小组分工进行篝火搭建、安全管理、节目单制作、主持催场、点火仪式等工作,职责明确。 (2)小组全员参与表演以绣球为主题的节目,节目健康积极。 (3)组织壮族绣球主题篝火晚会,篝火晚会能圆满完成	□优秀 □良好 □继续努力	□优秀 □良好 □继续努力	□优秀 □良好 □继续努力
晨间律动:振臂抖腕向天抛,五色绣球随歌飞	(1)小组分工进行场地布置、裁判、参赛、唱山歌、计分等工作。 (2)乐于参与	□优秀 □良好 □继续努力	□优秀 □良好 □继续努力	□优秀 □良好 □继续努力
项目路演:情景模拟,优化调整	(1)各小组上台对项目进行5分钟的路演,讲解条理清楚。 (2)各小组能认真倾听他人的观点和意见。 (3)综合有效的反馈,小组讨论,对项目计划进行优化调整	□优秀 □良好 □继续努力	□优秀 □良好 □继续努力	□优秀 □良好 □继续努力
项目实施:巧手备材料,巧思招募人	(1)讨论、动手制作美观、安全的活动物料。 (2)能团结协作,不怕困难,坚持到底,热心参与社会服务。 (3)招募至少5位旅游从业者或游客参与小组设计的主题活动	□优秀 □良好 □继续努力	□优秀 □良好 □继续努力	□优秀 □良好 □继续努力
劳动教育:"烹"然心动,享壮乡美食	制作出一道有绣球元素的壮乡特色美食	□优秀 □良好 □继续努力	□优秀 □良好 □继续努力	□优秀 □良好 □继续努力
项目汇报:"绣"出文旅新花样,激活乡村振兴新引擎	(1)小组分工及进行以"'绣'出文旅新花样,激活乡村振兴新引擎"为主题的项目汇报。 (2)收集至少3位观众的反馈意见	□优秀 □良好 □继续努力	□优秀 □良好 □继续努力	□优秀 □良好 □继续努力
围炉夜话	乐于分享和聆听,能清楚表达自己的思考	□优秀 □良好 □继续努力	□优秀 □良好 □继续努力	□优秀 □良好 □继续努力
内务整理	干净整洁,行李摆放整齐,房间恢复原样	□优秀 □良好 □继续努力	□优秀 □良好 □继续努力	□优秀 □良好 □继续努力

续表

评价项目	行为指标	自我评价	小组评价	教师评价
财物管理	生活有序,能管好自己的行李财物,不丢三落四,合理消费	□优秀 □良好 □继续努力	□优秀 □良好 □继续努力	□优秀 □良好 □继续努力
时间管理	遵守行程要求,时间管理意识强	□优秀 □良好 □继续努力	□优秀 □良好 □继续努力	□优秀 □良好 □继续努力

三、学生手册装帧设计案例分享

学生手册的装帧设计应根据学生的学龄段选择不同的风格,以简洁、清晰和美观为主,同时为了方便携带,注意大小适中,厚薄适宜。

(一) 封面简洁美观

封面是手册的第一印象,因此必须简洁、美观,能够吸引学生的注意力。设计时,应使用清晰、易读的字体,选择与研学主题相关的图片或图案。颜色搭配也很重要,应选择对比度适中、易于阅读的色彩组合。此外,手册的名称和机构的标志应明显突出,方便学生识别(见图6-4和图6-5)。

案例分享

某研学活动学生手册

图6-4 "探索地铁奥秘,感悟科技魅力"研学旅行课程学生手册封面

图6-5 "第一目击人——应急救护员"研学旅行课程的学生手册封面

(二)手册大小合适

手册的大小应考虑其实用性和便携性,过大的手册不方便携带,而过小的手册则可能影响内容的实用性。因此,在选择手册大小时,应考虑学生的使用习惯和需求,一般以24或32开本为宜,且不宜过厚。

(三)目录层级清晰

目录是手册的"导航",应层级清晰、易于理解,能让师生能迅速了解手册的内容。目录应包括各部分标题和章节标题,并按照逻辑顺序排列。同时,每个章节的标题应简洁明了并标明页码,能够准确反映其内容,方便学生快速找到所需信息。

(四)排版图文并茂

排版是影响手册易读性的重要因素之一。文字应使用合适的字体和字号,保持行距适中,以便于阅读。图片和图表的应用可以使内容更加生动、易于理解,因此在排版时应注意图文搭配的合理性,避免过于拥挤或空旷。此外,要有计划地留白,方便学生在研学过程中,可以在对应的留白处记笔记。

研学旅行是有计划、有组织的教育活动,是学校教育的重要组成部分,是自主学习、合作学习、探究学习的研究性学习活动。学生手册是学生的学习助手,是学生实现自我管理、自我教育和自我评价的基本保障,也为学生预留空间去合作、去探究、去创造。研制学生手册是一个持续不断的修订过程,随着实践经验的丰富和学生反馈的增多,学生手册将不断改进、升级、完善。

起草学生手册

【工作任务单十九】

请根据你设计的3天2夜研学旅行线路,起草学生手册。

任务五　撰写家长说明信

任务导入

2016年,教育部等11部门印发的《关于推进中小学生研学旅行的意见》中指出,各地教育行政部门和中小学要探索制定中小学生研学旅行工作规程,做到"活动有方案,行前有备案,应急有预案"。学校组织开展研学旅行可采取自行开展或委托开展的形式,提前拟定活动计划并按管理权限报教育行政部门备案,通过家长委员会、致家长的一封信或召开家长会等形式告知家长活动意义、时间安排、出行线路、费用收支、注意事项等信息,加强学生和教师的研学旅行事前培训和事后考核。

该学校已选定小李设计的3天2夜研学旅行方案,现在小李需要撰写一封家长说明信。家长说明信应该如何撰写?应该包含哪些内容?

任务解析

《关于推进中小学生研学旅行的意见》为家长说明信的内容指明了方向,即要告知家长活动意义、时间安排、出行线路、费用收支、注意事项等信息。本任务围绕上述要求展开分析,阐述家长说明信的基本知识、撰写原则和主要内容,帮助学习者学习撰写一封家长说明信。

任务重点

了解家长说明信撰写的原则。

任务难点

掌握家长说明信撰写的主要内容。

任务实施

一、家长说明信的基本知识

学校开展研学旅行,其中一项不可或缺的工作是写好家长说明信。家长说明信旨在向家长介绍研学旅行的目的、行程安排、安全措施、注意事项以及需要家长配合的事项。通过家长说明信,家长可以全面了解孩子的研学旅行安排和要求,并做好相应的准备工作,此举有助于增强家校之间的沟通和合作,家校协同,共同促进学生的全面发展。

二、撰写家长说明信的原则

（一）态度诚恳

在研学活动中,家校之间有共同的教育愿景。学校组织学生开展研学旅行,希望学生在真实的情境中学习,家长希望孩子在研学旅行中得到更全面的发展。在撰写家长说明信时,应以诚恳的态度与家长进行沟通,用词要亲切、自然,以得到家长的充分理解和认可。

（二）言简意赅

为了确保家长能够快速了解研学旅行的相关内容,说明信应简洁明了,避免过多冗长和复杂的表述,用简洁的语言撰写研学旅行的意义、时间、行程和注意事项等信息。

三、家长说明信的主要内容

在撰写研学旅行方案的家长说明信时,应重点关注以下内容。

(1)明确阐述研学旅行的目的和意义,让家长了解其对孩子的成长和学习的积极影响。

(2)详细介绍研学旅行的日程安排,包括活动主题、时间安排、地点等,使家长对孩子的行程有清晰的了解,鼓励亲子查阅资料共同完成研学攻略。

(3)强调行为准则和纪律要求,以及预期的学习成果和评估方式,帮助家长了解孩子的学习目标。

(4)强调安全保障措施,包括安全教育、应急预案等,使家长对孩子的安全放心。还应提醒家长关注孩子的身心健康,遵守研学活动的规定和要求,提供有效的联系方式和反馈方式,以便家长随时与学校或组织方沟通联系,各班级可以考虑借助各种平台建立网上社群进行家校联络沟通,在互助协作中达成家校共育的目标。

总之,撰写家长说明信时,应全面、详细、清晰地呈现研学旅行的相关信息,以确保家长对活动的全面了解和支持。

请以小组的形式阅读凤凰国际旅游股份有限公司和南宁轨道交通运营有限公司联合研发的"探索地铁奥秘,感悟科技魅力"研学旅行课程的家长告知书,讨论其优缺点。

案例分享

致家长及学生的一封信

微课

撰写家长说明信

【工作任务单二十】

请根据你设计的3天2夜研学旅行线路,撰写一封家长说明信。

任务六 编制工作手册

🔹 任务导入

该学校已选定小李设计的3天2夜研学旅行方案,现在需要小李编制工作手册,帮助工作人员全面了解研学旅行团的情况和注意事项。请问他需要编制哪些表单?如何制作工作执行表?

🔵 任务解析

研学旅行按照"三段式"课程实施,结合校内外教育优势,分为行前课程、行中课程和行后课程。为了实现研学旅行课程目标,不同阶段有不同的侧重点,准备工作繁杂,需要运用大量信息、数据辅助工作的顺利开展,工作手册是实现研学旅行课程内容的关键,是把研学旅行课程从方案变成现实的桥梁。因此,编制工作手册至关重要。本任务围绕研学旅行工作手册的作用、要素、编制流程和具体的制作过程展开阐述。

🔵 任务重点

了解工作手册的要素、编制流程和制作过程。

🔵 任务难点

学会制作工作手册。

🔵 任务实施

一、研学旅行工作手册

(一)研学旅行工作手册的定义

要完成一场研学旅行活动,需要多个部门进行协调和配合,研学旅行工作手册是将各类工作信息、数据和流程进行整理、汇编成各类表单和工作执行表,并标注相关的注意事项的系统性文件,是工作人员组织实施研学活动的依据。

(二)工作手册的作用

(1)明确工作目标和任务。通过工作手册,工作人员可以明确工作目标和任务,了解每个环节的具体要求和时间节点,知悉重难点,从而有针对性地开展工作。

(2)确保活动安全顺畅。工作手册对研学活动流程进行了详细的规划,包括活动的启动、实施、评估等各个环节,且标注了相关的注意事项,提醒工作人员排除安全隐患,避免意外事故的发生,确保工作流程安全、顺畅。

(3)提供数据支持。工作手册中包含了大量的数据和信息,如学生人数、活动时间、活动地点等,这些数据可以为工作人员提供决策支持,确保活动顺利进行。

(三)工作手册的要素及要求

研学旅行工作手册的要素包含但不限于:封面、目录、基础表单、团队信息表、工作执行表、重要事项等,各要素的要求如下。

(1)封面:工作手册的封面设计应简洁明了,突出研学旅行主题,可以使用学校或研学旅行机构的标志或徽章,体现学校和承办方的名称和标识,选用与研学旅行相关的主题图片或背景图片,封面颜色和字体应与整体计划风格相协调。

(2)目录:工作手册的目录应该清晰明了,标题和页码标注清楚,便于工作人员理解和查找,进而迅速了解和掌握研学旅行工作手册的整体结构和内容。

(3)基础表单:研学旅行工作手册的基础表单主要有分车表、分餐表、分房表和物资表等。①分车表:列出研学活动的车辆信息,包括车辆编号、车辆类型、车辆状态、驾驶员信息等,以便更好地安排行车路线和交通工具;②分餐表:列出研学活动的餐饮安排,包括餐饮时间、餐饮地点、餐饮标准、餐饮人数等,标注学生饮食的禁忌,以便更好地满足学生的饮食需求;③分房表:列出研学活动的住宿安排,包括住宿地点、住宿标准、住宿人数等,以便更好地安排住宿和休息;④物资表:列出参与研学活动所需的物资清单,包括物资名称、数量、规格、用途等,以便更好地管理和准备所需物资。

(4)团队信息表:团队信息表包括学生信息表和教师信息表。学生信息表包含所有研学旅行团的学生基本信息,是掌握研学旅行团人员信息的根本表格。学生信息表的内容根据实际需要尽量设计得详细全面。在研学旅行课程中,同样需要了解教师的信息,教师信息表明确随行教师在学校的职务、在研学旅行课程中承担的职责等信息。

(5)工作执行表:工作执行表是根据可行的研学旅行课程方案制作的,是用来帮助和指导工作人员准确把握研学旅行课程的流程和进度的重要工具。完整的工作执行表的基本内容包括精确的时间规划、详细的活动流程和明确的分工等,并对重点工作进行说明。

(6)重要事项提醒:提醒工作人员在研学旅行课程中的注意事项,主要涉及行前、行中和行后三个阶段,涉及饮食、天气、住宿和应急预案等方面。

二、工作手册编制要求

(一)准确性

准确性是研学旅行工作手册编排的基本要求。在制订计划时,必须确保所有信息准确无误,包括活动的目标、时间、地点、人员、物资等。只有计划准确,才能确保所有工作人员对活动有清晰的认识,从而按照计划,有序地进行研学活动。同时,准确性还能避免因信息错误或遗漏导致不必要的延误等麻烦。

(二)可执行性

可执行性是研学旅行工作手册编排的核心要求。一个好的计划不仅要有明确的指导方向,还需要具备可执行性。可执行性意味着计划中的每一个环节都要有明确的操作步骤和实施方法,让工作人员在执行过程中有章可循。同时,可执行性还要求计划具有一定的灵活性和应变能力,以应对可能出现的突发状况或变化。这样,即使遇到一些意外情况,也能根据计划的安排,迅速做出调整并继续执行。

三、工作手册编制流程

（一）内容选择

根据研学旅行课程方案和课程的实际需求,以表格形式设计和制作基础表单、团队信息表、工作执行表、重要事项等。值得注意的是,并非每次都需要编制所有表单,工作手册的组成要素应根据研学旅行团的实际情况来选择。

（二）内容排序

在完成基础表单、团队信息表、工作执行表、重要事项等部分的设计后,可以按照一定的顺序将内容进行排序,制作成完整的工作手册。工作手册的内容排序没有固定的方式,可按照使用者的习惯来进行设计,一般情况下会按照工作内容的流程来编制,把常用的基础表单放在前面,随后放入工作执行表、团队信息表、重要事项等。在实际工作中,可根据实际需要对内容的顺序进行调整,如在研学旅行团人数较多时,团队信息表篇幅过长,可放在最后便于查看。

四、编制工作手册

（一）编制工作基础表单

（1）分车表:为了保证团队在研学旅行课程中安全、有序、迅速地乘车,可以提前对人员进行乘车分配,并制作分车表。分车表的内容包含车辆分配和座位分配两个部分,用于记录研学旅行课程中每一个人员所乘坐的车辆和座位安排情况。分车表制作完成之后,在整个研学旅行课程的乘车环节应当按照表格执行,固定车辆和座位,以便进行乘车管理。

（2）分房表:分房表是团队全程入住酒店的分房安排,是住宿管理的重要工具。分房表可以帮助工作人员在办理团队入住时快速地完成分房工作,能在住宿管理时准确地进行查房、找人等。制作分房表时,可以以班级或车辆为单位,内容包括团队人员姓名、性别、房间号等。

（3）分餐表:制作分餐表是为了方便工作人员对团队进行用餐管理,使团队人员能迅速找到桌号就餐,节约用餐环节的时间,如有少数民族用餐或饮食禁忌等,需注明。分餐表一般包含桌号、名单、性别和班级等内容。

（4）物资表:制作物资表能够帮助工作人员进行充分的准备工作。研学旅行行前物资的准备要充分,应对研学活动全程细节进行梳理后再核实。研学物资一般包括基础保障类、文件资料类和课程应用类等物品。

（二）编制团队信息表

团队信息表包含所有研学旅行团的学生和带队教师的基本信息，是掌握研学旅行团人员信息的重要依据，一般需要包含以下内容。

（1）学生姓名。

（2）学号：用于识别学生的身份，通常与学校的学生管理系统相匹配。

（3）年级和班级：显示学生所在的年级和班级，有助于了解学生的年龄和学情。

（4）性别和出生日期：有助于了解学生的个人情况。

（5）联系方式：包括学生及其紧急联系人的电话号码，方便在需要时可以迅速与学生或其家长进行联系沟通。

（6）身体状况和特殊需求：如果学生有身体上的特殊状况或需求，如过敏信息、病史和血型等应该在信息表中写明，以便在研学过程中给予其特殊照顾。

（三）制作工作执行表

工作执行表是用于指导使用者在计划的时间段做对应的工作，同时提出具体的工作流程，供执行者参考。完整的工作执行表基本内容包括精确的时间规划、详细的活动流程、明确的责任分工以及重点工作说明等。制定工作执行表的有五步。

（1）制定时间规划。在研学旅行工作手册中，时间规划是非常重要的一部分，精确的时间规划有助于确保活动的顺利进行，避免延误或混乱，也可以为工作人员提供明确的时间参考，以便更好地安排活动和任务。时间规划一般主要对大交通时间、乘车时间、用餐时间、休息时间和活动时间等进行规划。具体的时间安排中，时间单位应该精确到小时，不满1小时的活动则需要精确到分钟。在做好初步的时间规划后，可以进行实地考察，现场预演磨课，视实际执行效果对时间安排进行调整。

（2）拆解活动流程。活动流程是工作执行表的核心部分，课程的时间安排来源于具体的研学旅行课程内容，即将研学旅行课程内容拆解成一个个可以落地执行的步骤，包括行前、行中和行后各个环节的具体安排，以及每个环节中需要完成的任务和目标。每个步骤的安排一定要清晰、详细，符合实际，课程的安排流程必须事先在活动地点预演过，是真实可行的，而不是凭空想象的，这样才能发挥工作执行表的指导作用。

（3）明确责任分工。活动流程和时间规划解决了在什么时间做什么事的问题，但尚未明确由谁来负责。研学活动的执行涉及多部门协同、配合完成，必须明确地将具体工作分配给具体的人，确保工作的责任落实。

（4）重点工作说明。重点工作说明是指对执行研学旅行课程中需要特别关注的环节和容易出现纰漏而需要格外注意的因素进行详细描述和说明。在实地考察和课程预演中要留意可能出现的问题，如重要任务、关键环节、风险控制等，在工作手册中应注明。

研学旅行操作实务

(5)搭建表格结构。以行程安排为时间刻度,将每一个时间段的工作内容,如学校组织集合出发环节、乘坐交通工具环节、研学旅行课程组织实施环节、用餐环节、住宿环节等进行分配、排列,并提示相关课程内容或服务保障的注意事项。

工作执行表示例见表6-7。

表6-7 工作执行表示例

地点	时间	活动内容	工作内容	注意事项
学校教室	星期三 16:00—18:00	行前课:激发研究兴趣,培养健康行为。执行人:各组研学旅游指导师、班主任	(1)组织开营仪式; (2)解读研学主题,介绍研学行程安排和注意事项; (3)开展安全教育,利用游戏对学生进行分组和团队建设,学生自行讨论明确人员分工,制定小组研学课堂公约; (4)讲授问卷调查的步骤和要领,组织学生分组查阅文献资料,了解绣球相关的历史文化知识和旧州旅游发展的情况,针对主题设计不少于10个题目的调查问卷	(1)根据物料单准备行前课程物料; (2)统一着装
学校西门	7:30—7:45	集合出发。执行人:各组研学旅游指导师	(1)各组研学旅游指导师准时到学校接团; (2)清点人数,按时出发	(1)提醒学生检查行李物品、有效证件; (2)检查自备的早餐
南宁—旧州	7:45—11:00	乘坐大巴前往研学目的地。执行人:各组研学旅游指导师	(1)强调乘坐注意事项; (2)讲解上下车注意事项; (3)组织学生学唱壮族民歌,便于学生综合运用到项目实施中	(1)注意上下车安全; (2)注意取行李的规范动作
××酒店	11:00—11:40	酒店安全教育。执行人:各组研学旅游指导师	(1)提前联系酒店,获取房间信息; (2)根据分房表宣布分房名单; (3)强调住宿注意事项,办理入住手续; (4)检查消防通道及消防设备,进行酒店消防安全知识培训和应急模拟	(1)根据分房表安排房间,不可随意变动; (2)核对酒店信息、房型、物品是否与方案一致
××餐厅	11:40—12:40	午餐:壮乡簸箕饭。执行人:各组研学旅游指导师	(1)提前联系餐厅,准备用餐; (2)根据分餐表宣布分餐名单; (3)强调用餐注意事项; (4)留意学生的用餐禁忌	餐厅名称:××餐厅,对接人:×××,联系方式:×××

续表

地点	时间	活动内容	工作内容	注意事项
亲水长廊	12:40—16:30	选题准备：开展问卷调查，分析绣球文化创新发展困境。 执行人：各组研学旅游指导师	(1)旧州壮族生态博物馆讲解； (2)引导学生利用思维导图或鱼骨图梳理绣球文化的发展脉络和文化内涵； (3)组织学生与绣球文化传承人面对面访谈	绣球文化传承人：×××，联系方式：××
绣球广场	16:30—17:30	确定选题：头脑风暴，确定选题。 执行人：各组研学旅游指导师	(1)引导学生确定项目选题； (2)适时提供帮助	提醒学生填写学生手册
亲水长廊	17:30—20:30	劳动教育："烹"然心动，享壮乡美食。 执行人：各组研学旅游指导师	(1)讲解壮族饮食文化； (2)讲解壮族美食的制作方法	(1)晚餐物料对接人：××，联系方式：×××； (2)提醒学生注意安全
亲水长廊	21:00—21:30	围炉夜话 执行人：各组研学旅游指导师	引导各小组利用4F理论引导学生进行分享反思 (1)采用体验式学习，以循环模式引导学生开展分享反思； (2)总结当天研学旅行课程存在的问题并解决	注意用火安全
××酒店	21:30—22:30	洗漱就寝。 执行人：各组研学旅游指导师	(1)对学生进行熄灯提醒； (2)查房； (3)安排夜间值守工作	(1)设置叫早服务； (2)提醒学生按时休息
××酒店	7:00—8:00	叫早、早餐 执行人：各组研学旅游指导师	(1)督促学生起床、整理内务； (2)组织学生在餐厅用早餐	确保所有人按时起床，提醒学生文明用餐

注意：对自己开发实施的研学旅行课程，必须清楚详细地列出执行流程，便于所有工作人员分工配合，明确任务，顺利完成工作

| 酒店 | 13:00—14:00 | 退房 | (1)组织学生文明用餐；
(2)组织学生整理内务；
(3)组织学生收拾行李，退房 | 提醒学生收拾好行李物品，谨防遗漏 |

（四）注明重要事项

（1）注明行前工作提醒。行前工作提醒是指在出发前需要关注和准备的一系列事项，以确保行程的顺利进行。以下是一些常见的行前注意事项：①研学旅行目的地天气情况：查阅目的地的天气状况，在研学旅行课程工作手册中添加天气预报表，以便提醒学生携带的衣物和装备。②研学旅行团联系方式：写明研学活动组织者或其他相关

人员的联系方式,以便在需要时能够及时联系和沟通。③学生入住酒店注意事项:每个研学旅行团的住宿安排都有区别,为了便于工作人员在入住酒店时对学生强调相关注意事项,可以针对研学旅行课程入住的酒店,在工作手册中写明入住酒店注意事项。

(2) 注明行中工作信息。一般包含以下信息:①课程实施:明确行中课的目标、内容和实施流程提要,确保工作人员能够有针对性地组织和实施课程。②纪律秩序:在行中课期间要确保学生遵守纪律,不扰乱公共秩序,同时要引导学生尊重他人、关心他人,营造和谐友好的氛围。③整改改进:提醒工作人员根据学生的反馈和实际情况,及时调整行中课的内容和实施方式,确保其更加契合学生的需求和兴趣,并不断总结经验教训,改进研学活动的组织和实施方式。④紧急情况处理:提示工作人员熟悉应急预案和处理流程,备齐紧急药品和急救设备,并确认其可使用,确保在突发情况下能够迅速响应;在遇到紧急情况时应保持冷静,迅速采取措施进行处理并及时上报。

(3) 注明行后收尾要求。行后收尾主要有以下工作:①总结与反思:对整个研学活动进行总结,包括行程安排、课程实施、学生表现等方面;对研学过程中的亮点和不足进行反思,分析原因,为今后的活动提供改进方向。②成果展示与分享:组织学生进行成果展示,如展示研学过程中的照片、视频、心得等。鼓励学生分享自己的研学体验和收获,促进彼此之间的交流和学习。③反馈与改进:收集学生、家长和其他参与者的反馈意见,对研学活动进行评估。根据反馈意见和建议,对研学旅行课程进行改进和优化,提高活动质量和效果。④归档与整理:对研学活动过程中产生的资料进行归档和整理,确保资料的完整性和可追溯性。将归档资料整理成册,为今后的研学活动提供参考和借鉴。⑤安全与保障:对研学活动过程中出现的安全隐患和问题进行总结和分析,提出改进措施;对安全保障工作进行评估和总结,确保今后的活动能够更加安全、有序地进行。

【工作任务单二十一】

请根据你设计的3天2夜研学旅行线路,编制工作手册。

项目小结

本项目是研学旅行课程得以顺利组织和实施的重要环节,任务一围绕签订合同和注意事项展开阐述;任务二围绕匹配供应商的条件和注意事项展开分析;任务三围绕签订接待计划,尤其是车队选择和用车服务的工作步骤和内容进行阐述;任务四围绕起草学生手册的步骤、内容和注意事项展开分析;任务五围绕家长说明信的撰写要领进行阐述;任务六围绕编制工作手册的要求、步骤、内容展开了分析。

思考练习

(1) 你认为学生手册的结构怎么编排比较合理?

(2) 请仔细阅读《致家长及学生的一封信》,评价其优缺点。

(3) 近年来,研学旅行安全事故频发,请思考需要做哪些准备工作来保障学生在研学旅行过程中的安全?

(4) 研学旅行工作手册除了以手册的形式展现外,还能以怎样的形式帮助研学旅游指导师开展工作?

案例分享

集体中毒背后的暑期研学热

项目七
研学旅行实施

知识目标

1. 熟悉研学旅行实施的工作流程
2. 掌握研学旅行实施的工作方法和技巧

技能目标

1. 能够组织并管理研学旅行活动
2. 能够识别研学旅行实施中的常见误区并能够规避问题

思政目标

1. 培养爱岗敬业精神
2. 强化家国情怀和社会责任感

知识框架

学习情境	工作任务	工作任务单
某研学旅行社承接了A市B小学四年级3天2夜研学旅行课程。经前期沟通，旅游车队将到B小学接送学生前往某研学营地开展研学旅行课程。请问研学旅行社该如何操作，才能确保学生按时到达营地？	组织交通出行	请制作研学旅行交通出行环节的工作人员分工及联络表
某研学旅行社安排A市B小学四年级学生前往某研学营地开展3天2夜研学旅行课程，研学旅行团预计半小时后到达营地。请问研学旅行团到达后，该如何安排入住？	安排住宿	请制作集中住宿期间安全巡查人员安排表
2019年7月，四川某中学研学旅行团39名学生在由北京返川途中出现了集体食物中毒现象，发病学生疑似在食用研学旅行承办方提供的方便食品后出现不良症状。请问研学旅行承办方该如何确保研学旅行团的餐饮安全？	安排用餐	请收集你熟悉的餐饮供应商的营业执照、食品经营许可证、从业人员健康证、消防安全许可证照片，熟悉餐饮四证的内容
A市B小学四年级200名学生的研学旅行团将在某研学营地开展3天2夜研学旅行课程，请问承办方该如何组织本次研学活动的开营仪式？	组织开营仪式	请简要回答研学旅行开营仪式的工作要点
某研学旅行社承接了A市B小学四年级200学生3天2夜研学旅行课程，为了更好地组织开展研学旅行课程，请问有哪些工作环节需要注意？	开展研学旅行课程	请列举开展不同类型研学旅行课程时的工作要点
A市B小学四年级200名学生3天2夜研学旅行课程第一站即将结束，将转场到下一课程地点，请问承办方该如何组织本次空间转场？	实施空间转场	请列举实施研学空间转场的注意事项
A市B小学四年级200名学生3天2夜研学旅行课程即将结束，请问承办方该如何组织本次研学活动的闭营仪式？	组织闭营仪式	请简要回答研学闭营仪式的工作要点
某研学旅行社承接的A市B小学四年级200名学生3天2夜研学旅行课程已经圆满结束，旅行社需要对本次研学旅行项目的服务进行评价优化，请问该如何开展？	组织评价优化	请简要回答研学旅行服务评价优化的重要性

研学旅行操作实务

任务一　组织交通出行

🔵 **任务导入**

某研学旅行社承接了A市B小学四年级3天2夜研学旅行课程。经前期沟通，旅游车队将到B小学接送学生前往某研学营地开展研学旅行课程。请问研学旅行社该如何操作，才能确保学生按时到达营地？

🔵 **任务解析**

合理、安全、顺畅的交通出行规划对于研学旅行的顺利开展至关重要，能够为整个旅程带来积极影响，并能确保团队成员的安全和畅快体验。本任务可以帮助学习者了解研学旅行交通出行时要考虑的因素，例如交通方式的选择、行程安排、交通安全、紧急应对措施和沟通协调等。

🔵 **任务重点**

掌握交通出行联络人员的组成、责任分工和工作流程。

🔵 **任务难点**

掌握交通出行安全注意事项。

🔵 **任务实施**

一、交通出行方式的选择

根据国家旅游局于2016年公布的《研学旅行服务规范》(LB/T 054—2016)，研学旅行的运输手段包含汽车、铁路、航空和水运等多种形式。对于长途行程(超过400千米)，优先选择铁路或航空等交通方式；而如果选择汽车作为主要出行工具，行驶道路不宜低于省际级别的高速公路，且驾驶者需要每2小时内停下来休息至少20分钟；若选用水运的交通方式，则所用船只必须满足GB/T 16890的标准要求，避免选用小木船和小快艇之类的船舶。

交通出行方式的选择、出行方案的制定以及接待计划均由研学旅行承办方在前期的实施准备环节完成。

二、交通出行联络人员组成

研学旅行承办方在管理研学旅行项目交通出行环节时，通常设置1个项目组长总负责,涉及的联络人员包括导游、研学旅游指导师、安全员、旅游车队队长、司机、学校负责本次研学旅行工作的总负责人、随行教师人员等。

三、交通出行人员责任分工

研学旅行承办方在行前制定的活动方案中,会明确交通出行环节工作人员的责任分工,具体内容如下。

(1)项目组长:负责全程参与团队活动,并对研学旅行交通出行环节进行统筹和协调。

(2)导游:负责与旅游客运公司或代理商协调预订车辆、车票等交通工具,并处理相关交通事宜。

(3)研学旅游指导师:负责带队。

(4)安全员:负责开展交通安全教育工作。

(5)旅游车队队长:负责统筹协调车辆承运工作。

(6)司机:负责驾驶交通工具,确保安全到达各个目的地。

(7)校方负责人:负责统筹协调学校部分的各项工作。

(8)随行教师:协助带队,提供生活保障服务。

四、交通出行工作流程

研学旅行的交通出行工作流程通常包括以下步骤。

(一)规划阶段

(1)确定研学旅行的目的地和行程安排。

(2)确定需要使用的交通工具类型,如汽车、火车、飞机等。

(3)预估人数和行李数量,以确定所需的交通工具容量。

(二)联系与预订

(1)联系旅游客运公司或代理商,获取报价和可行性建议。

(2)确认最终选择并签署合同。

(3)备妥必要的行程信息和乘车名单。

(三)安排出行

(1)在出发前确认所有行程安排和乘车时间。

(2)协调领队老师、研学旅游指导师、司机等各项工作人员的协作关系。

(3)分发行程表和相关信息给参与者。

(四)出行过程

(1)查点人数,确保所有参与者按时到达集合点。

(2)确保乘车顺利,提供必要的指示和协助。

(3) 保持与旅游客运公司或代理商的沟通，处理可能出现的突发情况。

（五）返程与总结

(1) 确保返程顺利进行。
(2) 收集参与者的反馈意见，以便在未来改进交通出行工作流程。
(3) 结清费用。

五、交通出行安全注意事项

研学旅行的交通出行安全至关重要，以下是一些注意事项。

（一）选择可靠的交通运输供应商

(1) 优先选择正规、合法的旅游客运公司或机构作为供应商。
(2) 确保交通工具符合相关的安全标准和规定。

（二）提前规划与预订

(1) 提前规划交通路线和出行时间。
(2) 尽量提前预订交通工具。

（三）妥善安排乘车人员

(1) 确认所有参与者按时到达集合点，避免延误行程。
(2) 对乘车人员进行必要的安全培训和指导，包括遇到紧急情况的处理方式。

（四）保持沟通与协调

(1) 保持与司机、领队老师和其他工作人员的有效沟通，确保信息传达准确。
(2) 在需要时提供实时指示，以应对任何突发情况。

（五）遵守交通规则

(1) 提醒乘车人员遵守当地交通规则。
(2) 督促所有人系好安全带，注意交通安全。

（六）紧急应对准备

(1) 在交通工具内标明紧急出口和紧急联系方式。
(2) 指定紧急联系人，确保在需要时可以及时联系到相关部门。

（七）定期检查交通工具

(1) 在出行前检查交通工具的安全设施和设备是否完好，如应急锤、灭火器等。
(2) 定期维护和检测交通工具的安全性能。

（八）保持警惕和冷静

(1) 如遇突发情况，保持冷静，果断应对，并指导乘车人员避险。

机票价格
的计算

（2）遇到异常情况及时向相关部门报告。

在交通出行环节中，通常会出现的突发状况有：学生不能按时到达上车地点、学生在乘坐交通工具时身体不适、车辆掉队等。为了保障研学旅行期间的交通出行工作，承办方应当在行前做好学生情况的摸底排查、随行教师的责任分工和动员等；在交通出行过程中，要保证全员通信畅通，要及时跟进、汇报出行进度。

【推荐阅读】

《研学旅行服务规范》(LB/T 054—2016)

资源链接

【工作任务单二十二】

请制作研学旅行交通出行环节的工作人员分工及联络表。

任务二　安排住宿

任务导入

某研学旅行社安排A市B小学四年级学生前往某研学营地开展3天2夜研学旅行课程，研学旅行团预计于半小时后到达营地。请问研学旅行团到达后，该如何安排入住？

任务解析

研学旅行的住宿安排对于整个研学旅行的教育效果、文化交流、团队建设和安全保障都起着至关重要的作用，是研学旅行中不可或缺的一部分。本任务帮助学习者了解研学旅行安排住宿的步骤和注意事项。

任务重点

掌握住宿房间的分配、住宿具体流程和集中住宿管理等问题。

任务难点

了解住宿常见问题及解决措施。

任务实施

一、住宿地点的选择

选择研学旅行的住宿地点时,通常需要考虑以下几个因素。

(1) 安全性:确保所选住宿地点安全可靠,要特别针对学生出行的风险点来加以考虑。

(2) 便利性:选择距离参观景点或活动地点较近的住宿地点,以节省时间和交通成本。

(3) 舒适度:确保住宿条件符合学生的需求,例如卫生情况、床铺舒适度等。

(4) 教育性:尽量选择能够提供教育元素的住宿地点,比如具有历史或文化意义的地方。

(5) 预算:根据预算选择合适的住宿地点,平衡价格和质量。

(6) 餐饮服务:考虑住宿地点是否提供餐饮服务或周边是否有餐饮提供。

(7) 团体接待能力:确保所选住宿地点能够接待整个研学旅行团,包括房间数量和设施。

(8) 评价和口碑:查看该住宿地点在消费者中的评价和口碑,以了解其实际情况。

广州市某研学基地住宿环境如图7-1所示。

图7-1 广州市某研学基地住宿环境

二、住宿房间的分配

为保证每一位学生都能拥有一个安全、舒适的住宿环境,研学旅行社在分配房间时应根据学生的需要与条件做出合理安排。

(1) 要兼顾学生的安全。每个房间均应设有必要的消防设施及紧急逃生通道,都要配备急救药品、写明联系方式来处理突发情况,各房间门窗都要做好防护工作,保证学生的财产及人身安全。

(2) 可考虑按班分配房间。把同班学生安排到邻近房间可便于学生沟通与协作,这一布置能够增强班级间凝聚力,增进学生间的交往与沟通。

(3) 必须按学生性别分配房间。把男学生与女学生分开来住可避免不必要的难堪与麻烦,还有利于保护学生的隐私与安全,可把男、女学生房间划分在不同楼层或楼栋,保证其有更充分的私密空间。

(4)可以根据学生的特殊情况分配房间。有些学生可能有身体上的特殊需求,比如需要无障碍通道或者更宽敞的房间,或者对饮食有特殊要求,又或者对周围环境产生过敏反应,应根据实际情况,统筹安排,尽量满足需求,确保其舒适与安全。

三、住宿具体流程

(1)接待办理:研学旅行团到达酒店后,首先需要找到酒店的接待处,在接待处,研学旅行团的负责人或代表需要向前台工作人员提供预订信息和相关材料,并办理入住手续。

(2)登记入住信息:在办理入住手续时,前台工作人员会要求研学旅行团提供入住名单,并逐一登记每位成员的信息。成员需要提供有效身份证件,以便核实身份和办理入住手续。

(3)支付押金或预付款:根据酒店的规定,研学旅行团可能需要支付一定金额的押金或预付款。这一金额通常会在入住期间产生的费用中抵扣,或在退房时返还。

(4)领取房卡:完成入住手续后,研学旅行团将获得多张房卡。房卡是进入酒店客房的凭证,每张房卡通常对应一间房。研学旅行团成员需要妥善保管好房卡,避免遗失或损坏。

(5)了解酒店规章制度:入住酒店后,研学旅行团成员需要了解酒店的规章制度,包括但不限于入住时间和退房时间、酒店内禁止吸烟的区域、酒店内的安全注意事项等。

(6)安排房间分配:根据预订的房间数量和类型,研学旅行团成员将被分配到相应的房间。成员需要按照酒店的安排,前往相应的楼层和房间。

(7)查验房间设施:在进入房间后,研学旅行团成员应仔细查验房间设施和卫生情况。如有任何问题或不满意的地方,应及时与酒店前台联系,以便协商解决。

(8)遵守酒店规定:在入住期间,研学旅行团成员需要遵守酒店的规定和要求,保持良好的秩序和礼仪。如有任何问题,可以随时向酒店的服务人员咨询、求助。

(9)退房离店:在离开酒店之前,研学旅行团需要办理退房手续。研学旅行团负责人或代表需要前往酒店前台,向工作人员确认退房时间并办理相关手续。

(10)退还房卡:在办理退房手续时,研学旅行团成员需要将房卡归还给酒店前台工作人员。应确保所有房卡都已归还,避免出现额外费用或不便。

(11)结算费用:办理退房手续时,研学旅行团需要结算入住期间的费用。酒店前台工作人员会根据实际入住天数、房间类型和其他消费项目等,计算并告知研学旅行团应支付的费用。

(12)退还押金:如果研学旅行团在入住时支付了押金,酒店前台工作人员会在退房时进行核对,并将押金返还给研学旅行团。

四、集中住宿的管理

研学旅行集中住宿期间可通过制定相关管理办法保障研学旅行活动的顺利开展。集中住宿管理办法一般由研学旅行承办方、学校和住宿地点的接待中心共同商定,由研学旅行承办方或接待中心负责制定,由接待中心负责管理。

五、集中住宿常见问题

研学旅行集中住宿时可能会遇到一些常见问题,以下列举一些可能遇到的问题及其解决方案。

(1)房间安排问题。有可能出现房间分配不当或者床铺不够的情况,建议提前与住宿地点沟通,明确学生人数和需求,确保有足够的房间和床位。

(2)卫生问题。部分住宿地点可能存在卫生不达标的情况。应在入住前检查房间卫生状况,发现任何问题应及时向住宿地点管理人员反馈。

(3)设施故障:如遇到房间设施如空调、电灯等出现故障,应及时向住宿地点管理人员反馈问题,寻求解决方案。

(4)安全隐患。针对一些没有大型团队接待经验和条件的营地,承办方既要考虑接待批量化的学生群体,还要兼顾成本控制,在安排住宿时,只能选择入住连锁酒店或经济型酒店。这类酒店主要以接待成年人群体为主,对于自理能力与行为约束能力较弱的中小学生来说,其公共区域或房间内可能存在一些安全隐患。应重点排查这些安全隐患,如消防设施是否完善、紧急逃生通道是否畅通等,并确保学生们了解应急处理方式。

(5)噪音问题。集中住宿可能面临其他团体或活动带来的噪音干扰,应提前了解住宿地点的环境,可以选择较为安静的区域或采取相应措施减少噪音影响。

(6)安全管理制度不完善:由于中小学生正处于好奇心重且精力旺盛的成长时期,在研学旅行过程中容易"释放天性",很多学生晚上过于兴奋,就会出现大声喧哗、打闹、乱串门等现象,而由于住宿地点接待中心的工作人员离岗或者责任分工不明等原因,安全巡查、夜查等工作不严谨,进而出现学生在集中住宿期间发生肢体碰撞、私自外出等问题。研学旅行承办方、学校应设置值班巡查人员,对住宿地点接待中心的管理工作进行检查和督促,发现有疏漏的应及时向提出并立即调整工作方法。

【工作任务单二十三】

请制作集中住宿期间安全巡查人员安排表。

项目七 研学旅行实施

任务三 安排用餐

◎ 任务导入

2019年7月,四川某中学研学旅行团39名学生在由北京返川途中出现了集体食物中毒现象,发病学生疑似在食用研学旅行承办方提供的方便食品后出现不良症状。请问研学旅行承办方该如何确保研学旅行团队的餐饮安全?

◎ 任务解析

通过提前规划、与餐饮服务提供者充分沟通以及关注团队成员的需求,可以保证研学旅行团的用餐顺利进行,为整个旅程增添愉快的体验。本任务帮助学习者了解研学旅行团安排用餐的步骤和注意事项。

◎ 任务重点

掌握用餐需求调查、餐饮供应方的选择、用餐安排与管理、用餐安全保障方案。

◎ 任务难点

掌握用餐安排与管理、用餐安全保障方案。

◎ 任务实施

一、用餐需求调查

通过问卷调查等方式收集学生对食物口味、进餐时间、饭菜种类等方面的需求和建议,是确保顺利安排研学旅行团用餐的重要步骤。以下是一些调查问题的示例,可帮助了解团队成员的饮食需求。

(一)饮食习惯

(1)您有没有特殊的饮食习惯(如素食、无麸质、无乳制品等)?

(2)您是否有任何食物过敏或不耐受?

(二)喜好与偏好

(1)您对哪种类型的菜色(比如中式、西式、当地美食等)更感兴趣?

(2)您有没有特别想尝试的食物或菜系?

(三)进餐时间与频次

(1)您习惯在什么时间进餐?早餐、午餐和晚餐的用餐时间是否灵活?

(2)您对每日用餐次数有什么特殊需求?

(四)餐厅偏好

(1)您更倾向于在餐厅用餐还是选择快餐或外卖?

(2)您对于用餐环境有什么特殊要求?

(五)饮食限制与偏好

(1)您是否有遵循特定饮食计划(如低脂、高蛋白质、低碳水化合物等)?

(2)您是否有对某些食物有宗教或文化上的禁忌?

(六)其他需求

请描述您对旅行期间用餐的任何其他需求或考虑。

二、餐饮供应方的选择

研学旅行社在选择研学旅行团的餐饮供应方时,应考察供应方是否有市场管理局颁发的营业执照、食品监督管理局颁发的食品经营(卫生)许可证和消防机构颁发的消防安全许可证,从业人员是否具有健康证,企业和从业人员近5年内是否有责任事故和不良诚信记录等。除此之外,为了确保团队成员在旅途中有美好的用餐体验,可以考虑以下几个建议。

(1)当地餐厅:选择与当地知名餐厅合作,可以让团队成员品尝到地道的当地美食。确保选定的餐厅卫生条件良好,并能提供适应研学旅行团体规模的就餐空间。

(2)专业餐饮服务公司:考虑聘请专业的餐饮服务公司为研学旅行团提供餐饮服务。这些公司通常有丰富的经验和资源,能够根据团队的需求提供多样化的菜单选择。

(3)自助餐服务:如果团队比较大,可以考虑选择自助餐服务,让每位团员按照自己的口味和需求选择食物,灵活性更高。

(4)食材新鲜度:确保所选供应方使用新鲜、优质的食材准备餐点,以确保团队成员的健康,提高满意度。

(5)服务水平:了解供应方的服务水平,包括服务态度、配餐速度和对特殊要求的响应能力。

(6)价格与预算:根据研学旅行团的预算,选择一个价格合理且符合质量标准的餐饮供应方。

(7)口碑与评价:查看供应方的口碑和客户评价,了解其在餐饮服务方面的表现,以做出更合适的选择。

三、用餐安排与管理

(1)根据研学旅行团的需求,结合调查结果和当地餐厅能提供的菜品,制定多天用餐的菜单。菜单应包括早、中、晚三餐,每餐都要有主食、副食、汤品等方面。为了满足不同学生对口味和营养的需求,菜单应尽量多样化,并提供素食和特殊饮食要求选项。考虑到食品安全问题,应尽量避免提供鱼类和凉菜类食物。

(2)研学旅行承办方应提前与选定的餐厅进行预订,确定用餐时间和人数。由于参与研学旅行活动的人数较多,在用餐当天承办方应派人提前2—3小时到达餐厅确认就餐细节。餐量要充足且丰富,用餐时通常采用10人桌团餐+自助餐或快餐的方式。承办方应与餐厅协商并提前进行布置,将桌椅进行合理摆放,保证每个人都有足够的空间,保证就餐舒适度。广州市某研学基地用餐环境见图7-2。

图7-2　广州市某研学基地用餐环境

(3)要有条理地引导学生就餐,同时在他们吃饭的时候进行巡视,以保证餐饮服务的品质。应要求餐饮供应商遵守规定,并妥善处理食品样本保存事宜。要派遣专人去评估整趟旅程的餐饮计划,考虑可能会发生的各类食品安全事件,如食物过敏、食物中毒和肠胃不适等问题,针对任何可能危害学生安全的潜在风险,都要预先准备相应的紧急应对方案,例如储备常用药品、熟悉周边的三级医院位置及急救号码等,一旦发生突发状况,应迅速且有效地作出反应。

四、用餐安全保障方案

通过制定综合的用餐安全保障方案,可以有效应对各种意外情况,保证研学旅行团的用餐顺利进行,同时保障团队成员的安全和健康。研学旅行承办方在研学旅行开展之前需要制定全面的用餐安全保障方案,并且所有安全职责都要分配到具体的人来执行。出发之前为教师和学生购买意外保险、校园责任保险的时候,需要特别关注食品健康的细则,应同学校、家长和学生签署关于安全的责任协议,强调食品卫生方面的注意事项,清晰界定各方权利义务。此外,还需要向相关的教育管理机构报告,以便审查。

为了确保研学旅行团的用餐顺利进行,可以考虑制定以下保障方案。

(1)食品安全检查。确保所选餐饮供应方符合当地食品安全标准,并对食材和制作过程进行定期检查,以保证食品质量。

(2)紧急联系方式。提供餐饮供应方的紧急联系方式,以便在突发状况下能够及时沟通和解决问题。

(3)备用计划。制定备用计划,提供线路临时调整或预订出现问题时的备用餐厅选项,以确保团队成员能按时用餐。

(4)特殊饮食需求处理。妥善处理团队成员的特殊饮食需求,与餐厅提前沟通,确保能够提供符合要求的食物,如素食、无麸质食物等。

(5)就餐环境卫生。关注用餐场所的卫生状况,确保就餐环境整洁,食品存放和加工符合卫生要求。

(6)团队成员安全。确保团队成员用餐时的安全,尤其是针对年幼或特殊需要成员,要提供额外的监督和帮助。

(7)食物过敏管理。了解团队成员可能存在的食物过敏情况,与餐饮供应方共同制定应对措施,避免过敏反应发生。

(8)预算管理。监控用餐费用,确保与预算相符,避免不必要的支出。

此外,我们还需要在学校开展的行前课中跟学生强调用餐安全问题,例如不喝未经处理的水或食用过期、腐烂的食物;不去路边的小店购买零食,避免意外中毒事件的发生。工作人员要引导学生们形成健康的进餐习惯,如饭前饭后勤洗手、不过分偏爱某一类食材、少食用垃圾食品等。对安全意识的培养不能只停留在口头上,而应落实到日常行为小事中,这样才能让学生们更加深刻地认识到规范安全行为的重要性。

【工作任务单二十四】

请收集你所熟悉的餐饮供应方的营业执照、食品经营许可证、从业人员健康证、消防安全许可证照片,熟悉餐饮四证的内容。

任务四　组织开营仪式

🔖 任务导入

A市B小学四年级200名学生的研学旅行团队将在某研学营地开展3天2夜研学旅行课程,请问承办方该如何组织本次研学活动的开营仪式?

🔖 任务解析

通过精心策划和组织开营仪式,可以为研学旅行创造良好的开端,促进团队凝聚力和合作精神的形成,让每位成员都能充分融入这个充满活力和期待的研学旅行中。本任务帮助学习者了解研学旅行团设计和组织开营仪式的步骤和注意事项。

🔖 任务重点

掌握开营仪式的定义和工作流程。

🔖 任务难点

掌握开营仪式的工作流程。

🔖 任务实施

一、开营仪式

研学旅行团开营仪式是指为研学旅行团成员在开始研学活动之前举行的一场仪式或活动。这种仪式通常旨在拉近团队成员之间的距离,增强团队的凝聚力和合作意识,同时也可以使团队成员对即将展开的研学活动充满期待和热情。

在开营仪式上,通常会有欢迎致辞、团队成员自我介绍、编写团队口号或标语创作、团队合影、小游戏或团建活动、文艺表演等环节。这些活动都有助于打造团结而有活力的团队氛围,为整个研学旅行奠定良好的基础。

不同学段的开营仪式,教学重点有所区别。小学、初中更侧重于仪式感的营造,让学生通过对开营仪式所营造的氛围的体验,感受研学旅行的重要意义。高中则更加侧重于通过开营仪式,引发学生对研学旅行重要价值的理性思考。

开营仪式的组织者可以是学校也可以是承办方。如果是学校组织开营仪式,则开营仪式的地点一般在学校。可以组织所有线路的全体学生集体开营,然后分别开启行程。如果所有学生同批实施同一线路课程,也可以在研学旅行的第一目的地组织开营仪式。如果由承办方组织开营仪式,则一般在线路的第一目的地,于抵达的当天举办开营仪式。

二、开营仪式的工作流程

(一)策划阶段

(1)制定开营仪式的主题和目标。
(2)确定开营仪式的时间、地点和各项活动内容。
(3)分工合作,确定每个工作人员的职责和任务。

(二)准备工作

(1)通常选择一个开阔的场地作为开营仪式地点,可以是操场、礼堂或者露天舞台等。
(2)确保场地布置整齐,包括搭建舞台、设置座位等。根据主题和活动需要,用彩带、气球、横幅等装饰场地,营造喜庆的氛围。
(3)确认音响和灯光等设备正常运转。
(4)准备开营仪式所需的道具、奖品和礼物等。
(5)组织参与仪式的学生、教师等人员入场,确保他们按时到场,并安排好座位。

(三)开营仪式流程

(1)开场致辞:研学旅行开营仪式的第一项是开场致辞,通常由主持人或者研学活动负责人进行。致辞内容主要包括对参与者的欢迎和感谢,介绍研学旅行的背景和目的,以及对即将展开的活动表示期待和祝福。

(2)领导讲话:在开营仪式上,通常会邀请相关领导进行讲话,以加强对研学活动的重视和支持。领导讲话的内容可以涵盖对研学旅行的期望与要求,对参与者的激励,以及对组织者的肯定与支持。

(3)活动介绍:活动介绍是研学旅行开营仪式的重要环节之一。组织者会用简洁明了的语言,向参与者介绍即将进行的研学旅行活动的主题、地点、时间、安全注意事项等。同时,也会对研学旅行的预期目标和学习成果进行说明,让参与者对活动有更清晰的认知和期待。

(4)学生代表发言:选取一名学生代表发表开营感言,分享自己对研学旅行的期待和认知,并鼓励其他学生一同努力。

(5)团队组建:为了促进参与者之间的交流和合作,常常会在研学旅行开营仪式上进行团队组建。参与者按照组织者的安排,与其他参与者组成小组,并通过一系列的破冰游戏和互动活动来增进对彼此的了解,建立团队凝聚力(见图7-3)。

图7-3　广州市某研学基地开营仪式破冰游戏

(6)活动宣誓:在研学旅行开营仪式上,通常也会有活动宣誓环节。参与者会共同高举右拳诵读誓词,表达自己对研学旅行的承诺和决心。活动宣誓的内容可以包括对活动目标的坚定信念、对团队合作的承诺、对安全的重视和对环境的保护等。

(7)闭幕致辞:研学旅行开营仪式的最后一项是闭幕致辞。主持人或者负责人会对开营仪式进行总结和回顾,再次对参与者表示感谢和祝福,希望他们在接下来的研学旅行活动中能够有所收获和成长。同时,也会对即将展开的研学旅行进行简要介绍,为接下来的学习之旅拉开序幕。

(8)合影留念。

微课

主持稿的写作技巧

【工作任务单二十五】

请简要回答研学旅行开营仪式的工作要点。

研学旅行操作实务

任务五　开展研学旅行课程

任务导入

某研学旅行社承接了A市B小学四年级200名学生3天2夜研学旅行课程,为了更好地组织开展研学旅行课程,请问有哪些工作环节需要注意?

任务解析

相对于学校的课堂教学,研学旅行课程强调实践、体验和跨学科学习。有效地组织开展研学旅行课程,可以提高学生的学习体验和综合素养。本任务帮助学习者了解组织开展研学旅行课程的工作流程和注意事项。

任务重点

掌握课前准备、课程开展流程。

任务难点

掌握课程开展流程。

任务实施

一、课前准备

(1)解读学生:在研学旅行课程开展之前,课程实施团队需要对研学旅行课程服务对象的学情进行充分了解,例如学生所在学校的基本情况、学校的育人宗旨、学生已有的认知经验、学生认知的差异、班级学习风格等信息。了解学生学情,有助于研学旅行课程教学策略的选择和教学活动的设计,从而更好地实现研学旅行课程的教学目标。

(2)解读课程:在课前准备环节,课程实施团队需要对即将开展的研学旅行课程进行深入解读,掌握研学旅行课程的主题、目标、资源和内容等,并根据学生的学情,将学生在研学旅行课程中涉及的学科知识和技能进行梳理,以便在后续课程实施环节中与研学旅行课程内容进行融合。例如,在"自然观察:不同海拔高度的植物种类"研学旅行课程中,教学对象为初中二年级(八年级)学生,结合课程内容进行分析得知,学生所需要具备的学科知识集中在七年级上册《生物学》、八年级上册《生物学》和七年级上册《地理》等课本中,课程实施团队需要对研学旅行课程涉及的基于学情的学科内容进行学习,并对这些知识进行梳理、归纳。

(3)物资准备:在开展研学旅行课程前,课程实施团队需要根据研学旅行课程工作手册和研学旅行课程学生手册的要求和建议进行物资采买。当物资准备完成后,由研学旅游指导师负责领取发放。物资主要包括文件资料类物资和课程应用类物资。

文件资料类物资包括研学旅行课程工作手册、任务清单以及学生手册等。

课程应用类物资包括课程工具包、活动奖品等。

(4)形象准备:在仪容仪表方面,课程实施团队要做到形象自然大方,不做夸张的发型,不浓妆艳抹,不过多修饰,衣着整齐大方,不穿过透、过短、过暴露的衣服。在仪态方面,站姿、坐姿、走姿、蹲姿要端正、稳重、自然、大方。在言行举止方面,要注意文明,一举一动符合师德规范(见图7-4)。

图 7-4　某小学 2023 年秋季研学旅行活动

(5)心理准备:开展研学旅行课程的团队必须具有正面和积极的心态,保持幽默感,团队成员的每一个行为都可能无形中对学生产生深远的影响,应懂得如何控制自己的情绪,用开放且充满活力的态度面对学生的需求和研学工作。在开展研学旅行课程的过程中,最关键的是"育人",要多鼓励学生去聆听、观察、交流、分享、协作、探究、行动。

二、课程开展流程

开展研学旅行课程是研学旅行的核心环节,课程实施的质量决定研学旅行活动的教育目标能否真正实现,也对研学旅行企业的可持续发展产生深远影响。课程实施团队在开展研学旅行课程时,通常包括课程导入、课程授课、课程总结和课程评价四个环节。

1. **课程导入**

课程导入环节一般由研学旅游指导师负责开展。这个环节的主要作用是向学生概要式介绍研学旅行课程的主题、目标、内容、流程、要求、实施人员等信息。课程导入的方式通常包括直接导入、问题导入、故事导入、游戏导入和情境导入等。

2. 课程授课

课程授课是开展研学旅行课程的核心环节。根据研学旅行课程的类型差异,具体流程会有所不同。目前,研学旅行市场上常见的研学旅行课程分为参观式研学旅行课程、体验式研学旅行课程和探究式研学旅行课程等类型。

（1）参观式研学旅行课程。参观式研学旅行课程是较为常见也是操作难度较低的研学旅行课程类型。通常此类研学旅行课程授课环节主要包括讲解规则和组织参观两部分。讲解规则部分主要涉及的是讲解学生分组要求和参观规则等。组织参观部分主要分为讲解式参观和任务驱动式参观等。讲解式参观的重点是做好研学旅游指导师的集中讲解和引导学生自由学习。任务驱动式参观则强调发挥学生的主观能动性,在规定的时间内完成研学学生手册上的学习任务。研学旅游指导师在任务驱动式参观过程中主要负责监督和指导。例如在广州市某小学2024年"缅怀英烈志,传承革命魂"春季研学旅行活动中,研学旅游指导师采用的是集中讲解和以小组为单位的任务驱动式参观。研学旅游指导师先是集中介绍辛亥革命纪念馆,然后将学生分为3—4人的小组,引导学生在规定时间内完成研学学生手册上的学习任务（见图7-5）。

图7-5　广州市某小学2024年"缅怀英烈志,传承革命魂"春季研学旅行活动

（2）体验式研学旅行课程。体验式研学旅行课程主要通过调动学生的五感（视觉、听觉、嗅觉、味觉、触觉）来帮助其认识事物、获取知识、培养技能和树立价值观。体验式研学旅行课程在授课环节主要包括讲解知识点和组织操作体验等。在讲解知识点部分,研学旅游指导师应简要地对研学旅行课程涉及的学科知识进行介绍,时间不宜过长,通常控制在15—20分钟。在组织操作体验部分,研学旅游指导师需要先亲身示范操作流程,然后发布操作任务,指导学生进行操作体验。在学生操作体验的过程中,研学旅游指导师要注意及时引导和指导,把握好进度。例如在广州市某学校2023年桑蚕文化主题研学旅行活动中,研学旅游指导师结合视频《蚕的一生》,用通俗易懂的介绍以及与蚕相关的趣味知识,带领大家了解蚕宝宝的美丽蜕变,探讨蚕和人类生活的关系,然后组织学生们体验原始的缫丝方法（见图7-6）。

图7-6 广州市某学校2023年桑蚕文化主题研学旅行活动

（3）探究式研学旅行课程。探究式研学旅行课程是操作难度相对较高的研学旅行课程类型，主要目的是培养学生主动发现问题和解决问题的能力。研学旅游指导师在开展探究式研学旅行课程时，除了要具有较强的组织协调能力，还要能及时地给予学生心理指导和帮助。在研究问题的过程中，学生经常会遇到挫折和难题，研学旅游指导师的及时鼓励和指导，能够提高学生的自信心和积极性（见图7-7）。

图7-7 广州市某研学基地"还原魔方机器人"研学旅行课程

3. 课程总结

研学旅行课程总结一般包括学生总结分享和研学旅游指导师总结等。学生总结分享是指研学旅游指导师引导学生对自己或小组在研学过程中的学习情况进行回顾，分享自己的课程收获和感受，同时也引导学生分析自己的不足和经验，培养学生自我反思和不断提升自我的能力。研学旅游指导师总结主要分为两方面，一方面是对学生的总结分享进行反馈，另一方面是感谢学生对授课的支持和配合，分享自己在开展课程过程中的收获和感受。

4. 课程评价

课程评价的内容主要包括学生的情感态度、过程性表现和任务完成水平等方面。

课程评价的方式通常包括学生自评(见表7-1)和教师评价(见表7-2)。研学旅游指导师在开展课程评价时要秉持公平、公正、客观的原则,尽量采用正向鼓励式的语言表达。

表7-1　研学旅行课程学生评价表示例

(1)在本次研学旅行中,通过参观、体验你收获了什么?

(2)在本次研学旅行中,你是否遇到了问题?如果有,得到解决了吗?

(3)请评价本次研学旅行中自己的表现吧!(可以从优秀的部分和需要改进的部分两方面评价)

(4)在本次研学旅行中,你最喜欢的环节是哪一个?为什么?

(5)你对本次研学旅行有什么看法?你认为是否有环节需要改进?如果有,请提出建议。

表7-2　研学旅行课程教师评价表示例

	知识掌握	动手能力	问题解决能力	合作能力	学习成果展示	整体表现
优秀						
良好						
一般						
老师评语						

【工作任务单二十六】

请列举开展不同类型研学旅行课程时的工作要点。

项目七　研学旅行实施

任务六　实施空间转场

任务导入

A市B小学四年级200名学生3天2夜研学旅行课程的第一站即将结束,将转场到下一课程地点,请问承办方该如何组织本次空间转场?

任务解析

空间转场为研学活动提供了更广阔的学习空间和机会,有助于丰富学生的学习体验、开拓视野、激发兴趣和培养综合能力。本任务帮助学习者了解研学空间转场的工作流程和注意事项。

任务重点

了解研学空间转场的定义、影响、步骤和注意事项。

任务难点

了解研学空间转场的注意事项。

任务实施

一、研学空间转场

研学空间转场指的是在进行研学活动过程中,将学生或参与者从一个特定的学习空间或环境转移到另一个学习空间或环境的行为。这种转场可以涉及不同地点、设施或场所之间的移动,通常是为了提供更广泛的学习体验或让学生接触到不同的教育资源和环境。在研学活动中,空间转场可以帮助学生接触到更多的实践经验、文化背景或自然环境,促进他们的综合发展,丰富学习成果。

二、空间转场的影响

研学空间转场可能对研学活动产生以下影响。

(1)情绪变化:学生可能会感到不适应新的环境,导致情绪波动或焦虑。因此,需要额外关注学生的情绪状态,以确保其适应新环境。

（2）效率下降：空间转场可能会耗费时间和学生的精力，影响研学活动的进行。缺乏高效的组织和计划可能导致活动执行效率下降。

（3）设备问题：在空间转场过程中，设备可能受损或遗失，这可能会影响研学活动的正常进行，需要确保所有设备都得到妥善处理和检查。

（4）学习连续性：空间转场可能打断学习的连续性，使学生难以集中注意力。研学旅游指导师需要采取措施来帮助学生重新恢复学习状态。

（5）环境适应：新的空间可能会影响学生的学习体验和感知，可能需要一定时间让学生适应新的环境和规则。

（6）团队协作：空间转场会考验团队的协作能力和组织技巧，需要确保团队成员之间沟通顺畅、协作紧密，以应对转场过程中可能出现的挑战。

（7）机会与挑战：虽然空间转场可能会带来一些不利影响，但也为学生提供了新的学习机会和体验。教育者可以利用这个机会激发学生的好奇心和探索欲望。

三、空间转场的步骤

研学空间转场可以归纳为以下几个步骤。

（1）确定转场时间。通常在课程或活动结束后进行空间转场，以确保学生的安全和秩序。

（2）提前通知。研学旅游指导师应在转场前通知学生，确保他们了解转场的时间、地点和注意事项。

（3）准备物资。研学旅游指导师需要准备必要的物资，如运输工具、安全设备、学习用具等，以确保顺利转场。

（4）路线选择。根据转场地点的位置、交通条件等因素，制定最佳的转场路线。

（5）安排交通。根据转场计划，安排好转场的交通工具，保证学生的安全。

（6）提前准备。研学旅行工作人员应提前到达转场地点，进行场地的准备工作，确保活动的顺利进行。

（7）灵活应变。根据转场过程中的具体情况，灵活应对，确保活动的顺利进行。

四、转场注意事项

在研学空间转场的过程中，要确保学生的安全和秩序，还需要注意以下几点。

（1）安全第一。转场过程中，学生的安全是最重要的，一定要确保学生的身体和财产安全。

（2）关注交通安全。在转移场地的时候，我们必须特别留意交通安全，严格遵守交通规定，保证行车的安全。

（3）沟通与协调。在转场的过程中，我们需要与学校、家长和学生保持良好的沟通和协调,以确保所有工作能够顺利进行。

(4) 保持秩序。作为活动组织者,要时刻维持活动的秩序,保持学生的纪律性。

(5) 留出适当的缓冲时间。在制订转场计划时,要尽量留出适当的缓冲时间,以应对突发情况。

(6) 记录和反馈。记录学生的转场情况,并及时反馈给相关人员。

通过以上措施,可以有效地确保学生在研学空间转场中的安全和秩序。

【工作任务单二十七】

请列举实施研学空间转场的注意事项。

任务七　组织闭营仪式

任务导入

A市B小学四年级200名学生3天2夜研学旅行课程即将结束,请问承办方该如何组织本次研学活动的闭营仪式?

任务解析

闭营仪式不仅是活动的结束仪式,更是整个活动过程的一个重要节点,具有总结回顾、表彰奖励、凝聚情感、告别仪式、反思成长和留下美好回忆等多重意义。本任务帮助学习者了解研学旅行团制定和实施闭营仪式的步骤和注意事项。

任务重点

了解闭营仪式的定义。

任务难点

掌握闭营仪式的工作流程。

任务实施

一、闭营仪式

闭营仪式是指在研学活动、夏令营或其他团体活动结束时举行的一种正式仪式。这个仪式旨在总结活动的收获、回顾参与者的成长和经历、表彰表现优秀的个人或团队、展示活动成果,并为参与者提供一个告别和交流的机会。通过闭营仪式,参与者可以共同回顾整个活动过程,感受到团队之间的凝聚力和情感联系,同时也能留下美好而难忘的回忆。这种仪式有助于给活动画上一个完美的句号,让参与者在活动结束后更好地继续前行。

二、前期准备

(1)确定仪式场地:通常选择一个开阔的场地作为仪式地点,可以是操场、礼堂或者露天舞台等。

(2)布置场地:根据主题和活动需要,用彩带、气球、横幅等装饰场地,营造轻松愉悦的氛围。

(3)安排座位:根据参与者的人数,设置合适的座位,确保每个人都能够有一个舒适的位置。

(4)节目准备:根据主题和参与者特点,策划好节目内容。

(5)准备音响设备:保证音响设备处于正常工作状态,测试音量和音质,确保活动顺利进行。

(6)准备闭营仪式所需的道具:如横幅、奖品、证书等,根据需要进行准备。

(7)参与人员准备:组织参与仪式的学生、教师等人员,确保他们按时到场,并安排好座位。

三、闭营仪式流程

(1)主持人致辞:由主持人向全场观众介绍本次闭营仪式的主题和意义,并欢迎各位嘉宾和参与者的到来。

(2)领导致辞:请相关领导发表致辞,对本次研学旅行的开展和参与者的付出表示感谢,并对未来的发展提出期望和建议。

（3）研学旅行成果展示：请各个团队代表上台，进行研学旅行成果汇报。可以通过PPT、视频等形式呈现，让观众更加直观地了解研学旅行成果。

（4）精彩节目表演：为了活跃仪式氛围，可以安排一些精彩的节目表演。如歌曲、舞蹈、戏剧表演等。

（5）优秀参与者表彰：根据评选结果，颁发优秀参与者奖项，可以分为个人奖和集体奖两种类型。

（6）经验分享：邀请在本次研学旅行活动中有典型心得的学生进行分享，分享他们的经验和感悟，让大家更好地了解研学旅行活动的意义和价值。

（7）纪念品赠送：赠送纪念品给参与研学旅行活动的所有人员，以示纪念和感谢。

（8）主持人总结：由主持人对于整个闭营仪式进行总结和回顾，感谢各位嘉宾和参与者的到来，并希望大家能够将研学旅行活动所学应用于日后的生活和学习中。

（9）合影留念。

【工作任务单二十八】

请简要回答研学闭营仪式的工作要点。

任务八 组织评价优化

 任务导入

某研学旅行社承接的 A 市 B 小学四年级 200 名学生 3 天 2 夜研学旅行课程已经圆满结束，旅行社需要对本次研学旅行项目的服务进行评价优化，请问该如何开展？

任务解析

组织评价优化对研学旅行活动至关重要，能够帮助活动不断完善和进步，提升教育效果,增强参与者的体验和满意度,确保活动的安全和可持续发展。本任务有助于学习者了解对研学旅行项目进行评价优化的工作流程和注意事项。

任务重点

了解评价优化的工作流程。

任务难点

掌握评价优化的注意事项。

任务实施

一、评价优化的意义

组织评价优化对研学旅行活动具有以下意义。

(1)提高活动质量。通过评价获得参与者和工作人员的反馈,可以发现活动中存在的问题和改进建议,从而提高活动的质量和效果。

(2)优化活动内容。评价结果可以帮助承办方了解参与者的需求和期望,有针对性地调整和优化活动内容,确保活动符合参与者的学习目标和期望。

(3)提升教育效果。通过评价优化,可以改进教学方法、课程设置与活动设计,提升研学旅行活动的教育效果和实践意义,促进参与者的学习成长。

(4)增强安全管理。评价优化可以帮助承办方评估活动中存在的安全风险和问题,及时采取措施加以改进,提升活动的安全性和可靠性,保障参与者的安全。

(5)提高参与者满意度。通过评价优化活动,可以更好地满足参与者的需求和期望,提升他们的参与体验和满意度,增强活动的吸引力和影响力。

(6)有效利用资源。评价优化有助于承办方更科学地评估资源的使用情况,合理分配资源,避免浪费,提高资源利用效率,为活动的持续发展提供支持。

(7)建立品牌形象。通过持续的评价优化活动,承办方可以树立良好的品牌形象,赢得参与者、家长和社会的信任和认可,提升承办方的声誉和竞争力。

二、评价材料准备

在组织研学旅行评价时,需要先确定评价主体,并对前期准备的评价标准材料及评价方式进行梳理、确定。

研学旅行评价的主体理论上不仅包括直接参与研学旅行活动的学校、随行教师、学生、各个环节的工作人员,还包括学生家长、教育及其他行政主管部门等。但在实际应用中,发挥了实质性评价功能的是参与研学旅行活动的学生、随行教师、研学旅行工作人员。

学生是整个研学旅行活动的核心服务对象,他们对研学旅行服务的评价是较真实的,也是影响研学旅行服务评价优化的关键因素。随行教师是研学旅行课程设计的参与者、学生学习动力的激发者、课程实施的促进者,他们对研学旅行服务的评价往往更具有教育属性。研学旅行工作人员是研学旅行服务的策划者、组织者、执行者,他们的反馈能够更直接和客观地反映研学旅行服务过程中存在的问题。

当评价主体确定后,则需要选择相应的评价标准材料,例如学生研学旅行服务评价表、随行教师研学旅行服务评价表、工作人员研学旅行服务评价表等。评价表可以选择纸质版,也可以制作成电子问卷,采用二维码的方式发送给确定的评价主体。

三、组织评价

在研学旅行服务结束的当天选择合适的时间和地点,向学生和随行教师发放纸质评价表或者发送评价表二维码。在组织评价时,要用清晰明了的方式向学生和随行教师表明评价的目的、作用和意义,引导他们认真填写评价表,尽可能获得真实有效的评价数据。研学旅行工作人员的评价表可以选择在研学旅行服务结束的当天,也可以选择在研学旅行服务结束之后,由研学旅行承办方的相关负责人进行收集。为了确保评价数据的真实有效,在组织评价时,尽量给评价主体提供充足的评价时间,以及匿名与否的选择权。

四、分析评价数据

在组织学生、随行教师和研学旅行工作人员对研学旅行服务进行评价后,需要对研学旅行评价数据进行整理分析。评价表通常包括定量指标和定性指标两种。在定量指标方面,要采用统计分析的方法对数据进行挖掘,并采用图表的形式呈现评价结果,以便对比分析结果的差异及其影响因素。在定性数据方面,要充分阅读整理评价表上的定性评价内容,并进行归纳总结,为后续优化改进研学旅行服务提供素材。

五、总结优化

研学旅行服务评价数据分析完成之后,承办机构要组织相关工作负责人员召开总结交流会。总结交流会要针对研学旅行服务评价数据的分析结果进行研讨,对之前提供的研学旅行服务进行总结、反思、交流与提升。在交流会上,要重点针对研学旅行服务存在的问题进行探讨,制定后续优化改进方案。

【推荐阅读】

《中小学综合实践活动课程指导纲要》(教材〔2017〕4号)

研学旅行操作实务

【工作任务单二十九】

请简要回答研学旅行服务评价优化的重要性。

 项目小结

　　研学旅行实施对研学企业至关重要，不仅可以促进研学企业的业务增长和品牌提升，还能提升企业在教育领域的影响力，增加客户满意度，释放创新潜力，整合资源，同时也履行社会责任，实现经济效益和社会效益的双赢。本项目从组织研学旅行交通出行、住宿安排、用餐安全、开营仪式、研学旅行课程、空间转场、闭营仪式和评价优化八个方面，着重对中小学生研学旅行活动实施过程中的工作基本流程和注意事项进行了介绍，可以帮助本书的学习者有效了解当前研学旅行市场中研学旅行实施环节的主要工作内容和流程。

知识链接

思考练习

　　(1) 阅读教育部发布的《中小学综合实践活动课程指导纲要》(教材〔2017〕4号)，思考研学旅行、劳动教育和综合实践教育的关系。

　　(2) 通过网络调研等途径，总结当前研学旅行市场上研学旅行实施常见的问题有哪些？其出现的原因有哪些？该如何解决这些问题？

参 考 文 献

[1] 王晓燕.研学旅行的基本内涵和核心要义——《关于推进中小学生研学旅行的意见》读解[J].中小学德育,2017(9).

[2] 丁运超.研学旅行:一门新的综合实践活动课程[J].中国德育,2014(9).

[3] 李军.近五年来国内研学旅行研究述评[J].北京教育学院学报,2017(6).

[4] 殷世东,程静.中小学研学旅行课程化的价值意蕴与实践路径[J].课程.教材.教法,2018(4).

[5] 吴良勇.CA旅行社的供应商管理研究[D].南京:南京理工大学,2012.

[6] 郑红娟,孙中伟,张国飞.塞罕坝地理研学活动方案设计[J].中学地理教学参考,2023(18).

[7] 曾宪光,刘福芹,杨世科.研学旅行更需要区域的整体推进[J].人民教育,2023(1).

[8] 叶娅丽,边喜英,研学旅行基(营)地服务与管理[M].北京:旅游教育出版社,2020.

[9] 叶娅丽,李岑虎.研学旅行概论[M].广西:广西师范大学出版社,2020.

[10] 胡光明,徐志伟.研学旅行运营实务[M].北京:人民邮电出版社,2022.

[11] 马波,王方娇.游必有方:研学旅行育人价值的实现[J].旅游学刊,2022(11).

[12] 张博,吴柳.网络关注度视角下研学旅行发展现状与影响因素研究[J].地域研究与开发,2022(2).

[13] 陈良瑞,曾宪光,王海丽,等.研学旅行视域下学生创新素养的培养路径[J].人民教育,2022(1).

[14] 岳平.多策并举提升研学旅行的实效性[J].中国教育学刊,2021(11).

[15] 邓德智,景朝霞,刘乃忠.研学旅行课程设计与实施[M].北京:高等教育出版社,2021(9).

[16] 吴颖惠,等.研学旅行学校指导手册[M].北京:北京师范大学出版社,2019(6).

[17] 魏巴德,邓青.研学旅行实操手册[M].北京:教育科学出版社,2020(7).

教学支持说明

为了改善教学效果,提高教材的使用效率,满足高校授课教师的教学需求,本套教材备有与纸质教材配套的教学课件和拓展资源(案例库、习题库等)。

为保证本教学课件及相关教学资料仅为教材使用者所得,我们将向使用本套教材的高校授课教师赠送教学课件或者相关教学资料,烦请授课教师通过加入旅游专家俱乐部QQ群或公众号等方式与我们联系,获取"电子资源申请表"文档并认真准确填写后发给我们,我们的联系方式如下:

地址:湖北省武汉市东湖新技术开发区华工科技园华工园六路

邮编:430223

研学旅行专家俱乐部QQ群号:487307447

研学旅行专家俱乐部
群号:487307447

扫码关注
柚书公众号

电子资源申请表

填表时间：_____年___月___日

1. 以下内容请教师按实际情况写，★为必填项。
2. 根据个人情况如实填写，相关内容可以酌情调整提交。

★姓名		★性别	□男 □女	出生年月		★职务	
						★职称	□教授 □副教授 □讲师 □助教

★学校		★院/系	
★教研室		★专业	
★办公电话		家庭电话		★移动电话	
★E-mail（请填写清晰）				★QQ号/微信号	
★联系地址				★邮编	

★现在主授课程情况	学生人数	教材所属出版社	教材满意度
课程一			□满意 □一般 □不满意
课程二			□满意 □一般 □不满意
课程三			□满意 □一般 □不满意
其 他			□满意 □一般 □不满意

教 材 出 版 信 息				
方向一		□准备写 □写作中 □已成稿 □已出版待修订 □有讲义			
方向二		□准备写 □写作中 □已成稿 □已出版待修订 □有讲义			
方向三		□准备写 □写作中 □已成稿 □已出版待修订 □有讲义			

请教师认真填写表格下列内容，提供索取课件配套教材的相关信息，我社根据每位教师填表信息的完整性、授课情况与索取课件的相关性，以及教材使用的情况赠送教材的配套课件及相关教学资源。

ISBN(书号)	书名	作者	索取课件简要说明	学生人数（如选作教材）
			□教学 □参考	
			□教学 □参考	

★您对与课件配套的纸质教材的意见和建议，希望提供哪些配套教学资源：